MAP TRACES,
BLOOD TRACES

TRAZAS DE MAPAS,
TRAZAS DE SANGRE

MAP TRACES,
BLOOD TRACES

TRAZAS DE MAPAS,
TRAZAS DE SANGRE

EUGENIA TOLEDO
TRANSLATION BY CAROLYNE WRIGHT

MAYAPPLE PRESS 2017

Published by   Mayapple Press
                362 Chestnut Hill Road
                Woodstock, NY 12498
                mayapplepress.com

ISBN 978-1-936419-60-9
Library of Congress Control Number 2015920175

ACKNOWLEDGEMENTS

Basalt: Finding Them Alive; *The Bitter Oleander:* Soñando en Chile / Dreaming of Chile, Lago Caburgua / Caburgua Lake; *Cirque*: Zine: Casa de lata / Zine: Tin House (as Cantando la tierra / Singing the Land); *Hayden's Ferry Review:* Rugendas in Chile, Unmapping, Another Language; *Inventory*: Postcard to Temuco, Cayena; *Lake Effect:* Love in Reverse, Downhill Downpour; *Los Angeles Review:* Ventana abierta en septiembre / Window Open in September, Carta a Jorge Teillier / Letter to Jorge Teillier; *New Letters*: Desierto / Desert; Relatos de mujeres / Stories of Women, Segunda carta a Jorge Teillier (La chichería en Lautaro) / Second Letter to Jorge Teillier (The Cider Mill in Lautaro); *Palabra:* Tumbas sin nombres / Tombs Without Names (as SN / SN); *Poetry International:* La mordaza / Gag (as De Poemas de Chile / From Poems of Chile), El horno / The Oven, Último tren / The Last Train, Desaparecido / Disappeared; *Raven Chronicles* Trazas de mapa / Map Traces; *ZYZZYVA*: Ancho y ajeno es el mundo / Broad and Alien is the World.

"Visita a Monte Grande." *El espacio no es un vacío, incluye todos los tiempos*, eBook, ed. Nela Rio. Broken Jaw Press, 2010.
"The Oven." *I Go to the Ruined Place: Contemporary Poems in Defense of Global Human Rights*, ed. Melissa Kwasny and M. L. Smoker. Lost Horse Press, 2009.
"Carta a Jorge Teillier" / "Letter to Jorge Teillier." *La luz ambarina de la lluvia: Letras de Temuco / The Rain's Amber Light: Letters from Temuko*. Private Printing, 2009.
"Stories of Women." *Raising Lilly Ledbetter: Women Poets Occupy the Workspace*, ed. Carolyne Wright, M.L. Lyons, and Eugenia Toledo. Lost Horse Press, 2015.

Cover design by Judith Kerman; antique map used under Creative Commons; handwritten titles by Eugenia Toledo. Photo of author by David Preston; photo of translator by Erik Rucker. Book designed and typeset by Amee Schmidt with titles in Segoe Print and Segoe UI and text in Cambria.

CONTENTS

IV. Santiago

V. Inventario de mi tierra / Inventory of My Land

Nota de la traductora:
Trazando y traduciendo el mapa

Carolyne Wright

En octubre y noviembre del año 2008, meses en que se celebra la primavera en el hemisferio Sur, la poeta residente en Seattle Eugenia Toledo visitó una vez más su tierra natal Chile, para reconectarse con gente y lugares de su pasado. Con la poeta y traductora Carolyne Wright, Toledo viajó a lo largo del país: de Santiago a La Serena en el Norte y hasta su ciudad natal Temuco y Valdivia en el Sur; del Valle del Elqui a los pies de los Andes, a las costas del Pacífico y los pueblos costeros de Puerto Saavedra, Santo Domingo e Isla Negra, donde Pablo Neruda vivió sus últimos años en la más amada y famosa de sus tres casas. Toledo y Wright dieron casi diarias presentaciones, visitaron sitios literarios (como las casas de Neruda en Santiago e Isla Negra; las casas y escuelas de Gabriela Mistral y su memorial en Vicuña y Monte Grande; la casa de Jorge Teillier en Lautaro; exhibiciones de arte y poesía por Violeta Parra; y exhibiciones de poesía de escritores Mapuche) y se encontraron con poetas chilenos y escritores en Santiago, Temuco, Valdivia y Lautaro.

Para Toledo, las reconexiones con miembros familiares y con amigos perdidos que ella había conocido en sus tiempos de estudiante y como maestra post-graduada en la universidad fueron profundas y a veces desgarradoras. Hubo reuniones con colegas quienes habían estado exiliados por años después del golpe militar de 1973, y con otros que fueron encarcelados y torturados durante el régimen militar de Augusto Pinochet. Algunos colegas recontaron las noticias de conocidos que habían sido muertos o habían desaparecido durante los peores días de la dictadura.

Esta visita fue, sobre todo, el reencuentro de la poeta con Chile y la tierra de sus orígenes. A través del viaje, Toledo estaba escribiendo en su diario – notas, sueños, recuerdos y poemas, a veces varios poemas al día. Inspirada por la visita, Toledo expresa: "He decidido abrazar la aventura y darle forma a esta colección de poemas y laberintos imaginativos, basados en nuestra geografía, autores que admiro, acontecimientos vividos, el arraigo y las despedidas". Los poemas de este libro están escritos desde las "memorias errantes" – memorias que finalmente se pueden encontrar e interactuar con la realidad del presente o confrontar y exorcizar el mapa de su vida, entrelazando esos momentos, presente y pasado, con los lugares donde esas realidades pasadas sucedieron. Estos versos forman un "cruce de palabras, un tren de cercanías" que trazan y transmiten la "magia todavía muy vívida de los contornos de la tierra, el agua y el aire" de su amado país.

Los desafíos para el proceso de la traducción incluyeron: el entregar la agudeza de aquellas memorias revestidas con las impresiones del presente; la necesidad de investigar los nombres ingleses y los términos apropiados de los pájaros chilenos, las plantas y las formaciones ecológicas; haciendo referencias a "chilenismos" y a ciertos eventos de la historia de Chile – eventos que los chilenos conocen bien – sin tener que recurrir a elaboradas explicaciones. Después de una serie de reuniones en cafeterías de Seattle, nuestro proyecto colaborativo nos permitió discutir los puntos más refinados de cada poema y decidir juntas las soluciones más factibles a cualquier obstáculo de la traducción.

Traducido por Eugenia Toledo.

Translator's Note:
Tracing and Translating the Map

Carolyne Wright

In October and November of 2008, months that celebrate the
height of spring in the Southern hemisphere, Seattle-based poet Eu-
genia Toledo revisited her native Chile, in order to reconnect with the
places and people from her past. With poet and translator Carolyne
Wright, Toledo traveled the length of the country: from Santiago
to La Serena in the North and down to her native city, Temuco, and
Valdivia in the South; from the Valle de Elqui in the foothills of the
Andes, to the Pacific coastal towns of Puerto Saavedra, Santo Do-
mingo and Isla Negra, where Pablo Neruda lived out his final years in
the most beloved and famous of his three houses. Toledo and Wright
gave presentations almost every day, visited literary sites (Pablo
Neruda's houses in Santiago and Isla Negra; Gabriela Mistral's homes,
schools, and memorial in Vicuña and Monte Grande; Jorge Teillier's
childhood home in Lautaro, exhibitions of art and poetry by Violeta
Parra; and exhibitions of poetry by Mapuche writers), and met with
Chilean poets and writers in Santiago, Temuco, Valdivia, and Lautaro.

For Toledo, the reconnections with family members and with
long-lost friends she had known as a student and post-graduate col-
lege teacher were profound and sometimes wrenching. There were
reunions with former colleagues who had been exiled for years after
the 1973 military coup, and with others who had been imprisoned
and tortured during the military regime of Augusto Pinochet. Some
colleagues recounted the news of acquaintances who had been killed
or disappeared during the worst days of the dictatorship.

But above all, the visit was a poet's re-encounter with Chile, the
land of her origins. Throughout the journey, Toledo was writing in
her journal – notes, dreams, memories, and poems, often several
poems a day. "Inspired by this visit," Toledo writes, "I decided to
embrace the adventure and give form to this collection of poems and
imaginative labyrinths, based on our geography, on authors whom I
admired, on lived experiences, uprootings and farewells." The poems
in this book are written from "errant memories" – memories that
are able finally to meet and interact with present realities, and to
confront and exorcize the map of the poet's life, interweaving those
moments, present and past, with the locales in which those realities

took place. These verses form a "cruise of words, a train of closeness" that trace and transmit the "still very vivid magic of the contours of the land, water, and air" of her country.

Challenges for the translation process included the need to render the acuity of memories overlaid with the vividness of present impressions; to research the proper English names and terms for Chilean birds, plants, and geological formations; and to make reference to Chilean expressions and to events of Chile's history – events with which Chileans would be familiar – without resorting to overly elaborate explanations. Over a series of meetings at our favorite Seattle coffee shops, our collaborative process enabled us to discuss the fine points of each poem, and decide together on the most workable solutions to any translation challenge.

I.

ENTRADA AL VIAJE

THE JOURNEY BEGINS

Nocturno de mis huesos

La fórmula para viajar es mirar por una ventana oval un telón en blanco. El mundo te hará señas, mientras la luz y los ojos se penetran mutuamente. Es una paradoja. No tengo ojos y no veo el purificado cielo. Ni tampoco la tierra azul. Siento sólo el frío o el calor, la añoranza y, tal vez, la alegría. Sin ojos, no cielo, no nubes, ni siquiera lágrimas. Mi imprevisible camino sin tierra, aire sin aliento, días blancos sin mancha, cerca sin siguiente. Pero si sigo la metáfora, viajo a donde quiero a través de la ventana oval y las nubes cruzan entonces el telón blanco al ritmo del pestañeo de mis ojos. Velo sobre velo, la memoria despliega muchas formas. Sé que he vivido varios mundos. Uno es haber sido, otro fue partir, y a veces, como ahora, volver a ti.

*

Volver a ti
como traza de caracol a la luz de la luna
como aureola del cuerpo austral
o aliento de pudú en los bosques magallánicos
　　　　te recupero una vez más y
te entrego mi vida
el nocturno de mis huesos
　　　　es tuyo

*

Ahora sé que la palabra cordillera
es más　　　　muchísimo más
y no es reconocible en la cercanía
enraizada en mis huesos la veo

cuando la nombro　　　huye　　　y continúa llamando mi nombre
quiere que vaya hasta la hondura
donde termina ese valle vicuñal　　　dormida madre fecunda

(El día abrió su boca como cráter de volcán
su erupción me dio en el rostro e hizo florecer mis sentidos
la brisa agitó el humo)

Nocturne of my Bones

The formula for travel is to look through an oval window at a blank screen. The world makes signs to you, while light and eyes penetrate each other. It's a paradox. I have no eyes and do not see the purifying sky. Nor the blue land. I feel only cold or heat, the yearning and, perhaps, joy. Without eyes, no sky, no clouds, not even tears. My unforeseeable road without land, air without breath, white days without stain, near without next. But if I follow the metaphor, I can travel wherever I desire through the oval window, and the clouds will cross the white screen to the rhythm of the blinking of my eyes. Veil over veil, memory has many forms. I know I have lived many worlds. One is to have been, another was to depart, and sometimes, as now, to return to you.

*

To return to you
like a snail's trace in moonlight
like the glow of the aurora australis
or the breath of the *pudú* in the magellanic forests
         I possess you again and
I submit my life to you
the nocturne of my bones
         is yours

*

Now I know that the word mountain range
is more   much more
and it's not recognizable close up
rooted in my bones I see it

when I name her   she flees   and keeps calling my name
she wants me to go to the deepest
end of that *vicuñal* valley   sleeping fecund mother

(The day opened its mouth like a volcano's crater
that erupted in my face and made my senses bloom
the breeze troubled the smoke)

*

Aquí estás, mi país. Eres una buena tierra

Ven, replicas
Yo desdibujé tus alas cuando ni pensabas en mí

Me tiendo a tu costado
reposo la cabeza en tu pecho
subo la escala de tu columna serrana
la cadena de tus montañas

*

Una mirada oculta vacila en el aire   cada vez que te miro
se desvanece al instante   mar invisible   sin compuerta
entre flor y flor   ojo acariciando el otro ojo

la divinidad practica sin experiencia el arte de crear
la tierra prometida   la vuelta al Edén
esperamos demasiado tiempo para probar la manzana
se nos ha podrido   se nos ha agusanado

yo soy Rea ahora y vengo a defender nuestro caso
aquella mirada descombró el sueño
fue conato   un lugar donde nunca estuvimos, amado
porque en nuestro País Azul nadie lee
la escritura de lo mirado callado

*

Here you are, my country. You are a good land

Come, you reply
I blurred the outline of your wings
                while you weren't even thinking of me

I lie down at your side
I lay my head on your breast
the stairway of your mountain spine
I fly over your mountain chain

*

A hidden glance hovers in the air / each time I look at you
it vanishes in an instant   invisible sea   without floodgate
from flower to flower   one eye caressing the other

the divine practices without experience the art of creation
the promised land   the return to Eden
we waited too long to taste the apple
it's turned rotten   filled up with worms

I am Rhea now and I have come to defend our case
that glance reduced the dream to rubble
it was an attempt   a place we never were, my love
because in our Blue Country nobody reads
the writings of the silenced things we see

TRAZAS DE MAPA

Sueño las trazas de la tierra rupestre
la nombro tres veces   me incluyo en su sendero

permanece   cápsula del tiempo   precaria
no somos geografía desconocida

cénit amarillo de lluvia   sobre el grano de arena
celebración de una ceremonia nocturna   todavía

el amor la mitad   me mira de lejos
apenas la mitad   me mira de lejos

las raíces de los árboles levantando piedras
paisaje de profundas rupturas   trazas de sangre

dice tal vez   a lo mejor   después   nunca
digo es mi tiempo de trazar y poemar

suspendidos en el ritual de la noche   todavía

Map Traces

I dream the traces of the ancient land
I name it three times   I include myself in its path

it remains   time capsule   precarious
we are not an unknown geography

yellow zenith of rain   over the grain of sand
celebration of a night-time ceremony   yet

the half love   watches me from afar
barely half   watches me from afar

roots of the trees raising stones
landscape of deep breaks   blood traces

perhaps you say   maybe   later   never
I say it's my time of mapping and making poems

suspended in the night-time ritual   still

Colgar la ropa al sol

La lámpara de mis brazos con que ilumino tu cuerpo se apaga en las lagunas que nos separan. Aún así salto los espacios sin darme cuenta y te alcanzo. Tierra de otras épocas que vive en un viejo mapa colonial tan inscrito en imágenes y tan pensado en versos, tan manchado de café. En tu útero, esqueletos van y vienen por las calles que marcaron la piel de las noches que pasaste en vela. En ti los pobres entierran y desentierran sus muertos, caminan alrededor de una plaza, llevan pancartas con una foto donde se lee "Dónde están" o "Por los hijos caídos, luchamos sin olvido." Bordan *arpilleras* a lo Violeta Parra o bailan la cueca sola. Es necesario aprender un nuevo abecedario y creer en un cambio, empezando por colgar la ropa al sol.

Hanging Clothes in the Sun

The lamp of my arms with which I illuminate your body goes dark in the lagoons that keep us apart. Even so, I leap over the spaces without taking notice and I reach you. Land from another era that lives on in an old colonial map so inscribed with images and so thought out in verse, so stained with coffee. In your womb, skeletons come and go through the streets that marked the skin of nights you spent wide awake. Inside you, the poor bury and dig up their dead, circle the plaza, carry placards with photos and slogans that read "Where Are They?" and "For Our Fallen Children, We Will Fight Without Forgetting." They embroider *arpilleras* like those of Violeta Parra, or dance the *cueca sola*. We must learn a new alphabet and believe in change, begin by hanging our clothes in the sun.

AMOR A LA INVERSA

"haríamos nuestros viajes al revés"
—Carla Grandi

*

Zampoñas y quenas murmuran notas
el charango llora por el paisaje mudo
lagrimeo   centelleo en el vuelo
aleteo de tierra roja
aroma de eucaliptus
llegan a las profundidades
donde termina el valle
el incorpóreo quejido
del encarcelado pájaro de mis huesos

*

Pesados párpados tienes mi país
tus bóvedas   tus grutas
te arrullo   en noches de insomnio
tus secretos escondidos en cráteres descansan
recorro las venas de tus minerales
estudio hechos desconocidos
y uno a uno   los memorizo

*

Amar desde adentro hacia afuera
aunque sea con las plumas quemadas y
la piel envejecida por el tiempo
amar es el viaje a la inversa
túneles infinitos y espejos verdes que se bifurcan en tres
el miedo donde se nos agacha hasta la sangre
y el jugo de la uva se convierte en vino
Querido, el lugar donde todo empieza es donde termina

LOVE IN REVERSE

"we would do our journeys in reverse"
   —Carla Grandi

    *

Zampoñas and *quenas* murmur notes
the *charango* cries for the mute landscape
tearing up   sparkling in flight
wing beat of red earth
the smell of eucalyptus
reach the depths
where the valley ends
the disembodied moan
of the caged bird of my bones

    *

You have heavy eyelids my country
your domes   your grottos
I rock you   on sleepless nights
your hidden secrets in their craters rest
I travel through your mineral veins
I study unknown events
one by one   I memorize them

    *

To love from inside out
even with burned feathers and
skin aged by time
to love is the journey in reverse
infinite tunnels and green mirrors that split in three
fear where even our blood doubles over
and the grape juice turns into wine
Darling, the place where everything begins is where it ends

FRAGMENTOS

Fragmentos es lo que poseo. Ramas en vez de árbol entero. Vidrios en vez de una ventana. Cortina en vez de la luz. Voces, pero nadie. Niebla adentro, sol afuera. Otros puertos, pero no estos. Celebro tu partida, pero no recuerdo cuando llegaste. El ayer, porque hoy es un pestañeo. El lugar preciso, no tengo idea dónde se encuentra. El mapa no es el terreno, ni una vida, una línea férrea. Estando aquí, de allá me llaman. La piel con que me vistieron y ahora no toleran. El atasco. El sector metalúrgico al que me ataron: mi escondite. El perro de caza que pusieron para rastrear mis huellas y que ahora se me acerca, moviendo la cola. Este poema que cojea conmigo – por culpa de su nervio ciático – mientras avanzamos, perdiéndonos entre las páginas.

FRAGMENTS

Fragments are what I possess. Branches instead of the whole tree. Shards of glass instead of a window. Curtain instead of light. Voices, but no one. Fog inside, sun outside. Other ports, but not these. I celebrate your departure, but I don't remember when you arrived. Yesterday, because today is the blink of an eye. The precise place, I've no idea where to find it. The map and the terrain are not the same, nor a life and a railroad. Standing here, they call me from over there. The skin in which they clothed me and which they now can't tolerate. The blockage. The metallurgical sector to which they bound me: my refuge. The hound that they set upon me to dog my tracks, that now approaches me, wagging its tail. This poem that limps with me – its sciatic nerve at fault – while we move forward, losing ourselves between the pages.

Araucaria

El aire juega con los pigmentos,
selecciona los colores con cuidado y
desvanece los contornos. Así,
las sombras destiñen la realidad y
extinguen de las cosas, sus atributos.

(Un aura envuelve mi árbol más querido, la araucaria de mi jardín.
La imagino en la cordillera de los Andes, proyectando paz sobre el
universo. Sola, rodeada de nubes, nos bendice con la nieve de plata
mientras sus brazos hacia las alturas, geometría implícita de una ple-
garia, canta una melodía que calma rocas y maderas. Este es el árbol
que hilvana con sus agujas el manuscrito perdido del mundo).

En el circuito de la distancia,
donde todo es rosario de estancias,
una hoguera te corona,
espíritu de mujer,
preámbulo del atardecer, tu alma,
quiero abrazarte como se abraza una hermana,
con delicadeza, para que no te vayas.

Araucaria

Air plays with the pigments,
selects the colors with care and
blurs the outlines. In this way
shadows make reality fade and
extinguish their attributes within things.

(An aura wraps around my favorite tree, the araucaria in my gar-
den. I imagine her in the Andes, projecting peace over the universe.
Alone, surrounded by clouds, she blesses us with silvery snow while
her branches reach toward the heights, implicit geometry of prayer,
and sing a melody that calms rocks and timber. This is the tree that
weaves with her needles the lost manuscript of the world.)

In the circuit of distance,
where all is a rosary of dwellings,
a fire crowns you,
woman spirit,
sunset's preamble, your soul,
I want to embrace you as one embraces a sister,
gently, so that you won't go away.

II.

NORTE

THE NORTH

Ventana en el abierto mundo

               penetrable ocre y almagre
               las fisuras de tu suelo
vítreo trizado   desierto norteño sur desierto
          mosaicos   de templos viejos
          tierra azafrán   toro de encorvados cuernos
el sol ilumina tus ojos   enciende tu enojo
          me pregunto qué harás al reencuentro
          quizá   con una aguja de quisco   pirita cobriza
un cóndor escribirá nuestra historia   en los geoglifos

Window on the Open World

      penetrable ochre and ferrous ore
      the fissures of your ground
shattered glass   desert north desert south
     mosaics   of old temples
     saffron earth   bull with lowered horns
sun illuminates your eyes   ignites your anger
     I wonder what you'll do when we meet again
     maybe   with a cactus needle   copper pyrite
a condor will write our story   in geoglyphs

Visita a Monte Grande

Nos trajimos una piedra
      dejamos atrás un túmulo
está la fotografía como prueba

Querida Gabriela   de Vicuña y Monte Grande
      ascendemos tu dédalo vertical
palpando uno a uno tus escalones

Monte y cabeza tallada
      monte piedra lunada
monte puerta redonda

Vives en un tiempo alto
      Dinos ¿dónde están Diodemia   Auristela
Arismenia   esos nombres como antiguas joyas?

Colinas   viñedos   polvo del camino
      no cuesta morir en este puñado de piedras
reloj y péndulo disonante

Tu geografía   empecinada vocación de poesía
      el fervor de esta tierra temblorosa
a la que una vez perteneciste

Como los años   como nuestros años
      vemos la lumbre que atiza la montaña
y graba tu escritura en sus entrañas

Ternura al mundo abierta
      Gabriela Mistral
incluso el desierto florece contigo

Hora de las vísperas   asfalto en la carretera
      al regresar   un puñado de guijarros
y llamas en los primeros apuntes del atardecer

Visit to Monte Grande

We brought back a stone
          we left behind a mound
we have the photograph as proof

Dear Gabriela   of Vicuña and Monte Grande
          we climbed your vertical labyrinth
feeling your steps one by one

Mount and engraved head
          mount moonlit rock
mount round door

You live on the heights
          tell us, where are Diodemia   Auristela,
Arismenia   those names like precious jewels?

Hills   vineyards   dust of the road
          it's not hard to die among this handful of stones
clock and dissonant pendulum

Your geography   stubborn vocation of poetry
          the fervor of this tremor-filled earth
to which you once belonged

Like the years   like our years
          we see the gleam that rouses the mountain
and engraves your writing in its guts

Tenderness open to the world
          Gabriela Mistral
even the desert blooms with you

Hour of vespers   asphalt on the highway
          returning   a handful of pebbles
and flames at the first notes of dusk

DESIERTO

¿Qué forma dejaste en la página del olvido?
Muchos peregrinos te ambulan y circunvalan tus montañas
no hay dibujos ni jeroglíficos en tus pasadizos secretos
no hay una seña en el tronco del desierto
ni rama de *algarrobo* quebrada tras sus pasos

ni una loma funeraria   ni un monolito
revelan tu biografía bajo la luz zodiacal
tampoco cacharro de arcilla   textil descolorido   vino derramado
o centro de mandalas extendido a través de tu paisaje

y sin embargo   he oído los cuentos
las aves vuelven a sus nidos cada primavera
escritura de palabras enlazadas
historias de gorjeos y chirríos
bordado de *añañucas*
desierto de arcones cerrados

DESERT

What shape did you leave on the page of oblivion?
Many pilgrims walk and circle your mountains
there are no designs or hieroglyphics in your secret passages
there is no sign on the trunk of the desert
not even a broken branch of *algarrobo* in their tracks

neither a burial mound   nor a monolith
reveals your biography under the zodiacal light
nor a clay pot   a faded tapestry   spilled wine
nor center of vast mandalas spreading across your landscape

and yet   I have heard the stories
the birds return to their nests every spring
handwriting of interwoven words
histories of warbles and cheepings
embroidery of *añañuca* flowers
desert of closed coffers

SOÑANDO EN CHILE

Soñé una noche que las aguas parían
soñé que era testigo de esa inmensidad

un día claro fui transportada al desierto
por la mano de un hombre alto

fue un viaje por un camino largo
vestida de blanco en alba carroza

soñé con un desierto cobre y ferroso
soñé cruzando un cauce y un puente

a lo lejos se perfilaba una ciudad
muerta como un espejismo

de una muerte verde   porque espinudos
algarrobos salían de los torrentes que la rodeaban

de alguna parte oí un grito de mujer
en el momento del parto

¿De dónde viene? le pregunté
a mi compuesto acompañante

no dijo palabra   solo miró hacia la derecha
vi las aguas partirse como rocas en una mina

indecible dolor en un trance
dando a luz más aguas

llegué a mi destino   fui colocada frente a
un altar cubierto por una sábana de palomas

y asumiendo la aridez del momento
entoné mis palabras ahogadas

como el grillo frota sus patas traseras
escribí con ellas el milagro

Dreaming of Chile

I dreamt one night that the waters gave birth
I dreamt I was witness to that immensity

one clear day I was transported to the desert
by the hand of a tall man

it was a journey down a long road
I was dressed in white in the carriage of dawn

I dreamt of a desert of copper and iron
I dreamt of crossing a concrete channel and a bridge

in the distance the silhouette of a city
dead as a mirage

of a green death   because spiny
carob trees rose from the torrents around it

from somewhere I heard a woman's cry
at the moment of birth

Where does it come from? I asked
my reserved companion

he said not a word   but gazed to his right
I saw the waters part like rocks in a mine

unspeakable pain in a trance
bringing to light more water

I reached my destination   deposited before
an altar covered with a sheet of doves

and taking on the aridity of the moment
I intoned my drowned words

the way a cricket rubs its hind legs
with them I wrote the miracle

escribí como barca acotada que entrega
la bitácora antes del naufragio

mi lengua flotando en el agua de útero
como si hubiera sido mi salvavidas

la escritura cosida al derrumbe
testimonial carbón encendido

el rompecabezas de una pieza
el lugar donde se perfecciona la muerte

el albumen de voces
ambiguas y casi palpables   pero yo

en este silencio me sentía insecto
clavada por el alfiler en el muestrario de alguien

los martillazos de la linfa dentro de mi cuerpo
juntando para siempre las orillas y

las islas que flotaban en mi sangre
porque el sueño de aguas escindidas es antiguo

naufragio de temores congelados
playa seca que ocultaba la noche

al alba   el sonido de una caracola
inundaba mis oídos y mis párpados pesados

de este viaje anclado en la nada
había vuelto solo con el recuerdo

I wrote like a captured vessel that hands over
its log before sinking

my tongue floating on the uterine waters
as if it were my life-jacket

the words sewn on to the disaster
witness of burning coal

a one-piece puzzle
the place where death is perfected

the albumen of voices
ambiguous and nearly tangible   but I

in this silence felt like an insect
fastened by a pin in somebody's showcase

lymph's hammer-blows within my body
joining forever the shores and

islands that floated in my blood
because the dream of parted waters is very ancient

shipwreck of frozen fears
dry beach that concealed the night

at daybreak   the sound of a seashell
flooded my ears and my heavy eyelids

from this voyage anchored to nothing
I had returned with only the memory

Encontrándolos vivos

"Encontrándolos vivos y después rescatándolos fue como
encontrar mi hermano de nuevo".
—*Palabras de la fotógrafa Angélica Palleras,*
cuyo hermano Alfonso fue asesinado en Copiapó
hace 37 años por la Caravana de la Muerte
(New York Times, *15/10/2010)*

Los 33 cerraron los ojos en el fondo de la mina,
tumbados en el refugio de vapores, calor y rocas,
sabiendo que a todas luces
estaban cercanas las 16 sombras de 1973.

Esta fue la reunión secreta de los hermanos mineros.
Tendieron los brazos y vieron
los asesinados dentro de sus ojos,
no estrecharon el cobre y el oro,
pero las presencias que se asentaron
entre los vivos para dar principio a los oídos,
las historias de los que no fueron a ninguna parte,
los que se quedarán tendidos y nunca levantados:

¿Cuánto tiempo tenemos?
¿Un día, un mes, años?
El pan ha sido amargo,
el agua sabe a miedo y
la oscuridad huele a terror.
 Aquí no sale el sol, ni la luna brilla.
Persistimos en el anonimato de la mina.
Todo lo que sobrevive son estas colinas,
moretones de Atacama,
corazones humanos que se socavan.

Para los 33 hubo promesas – y una cápsula de rescate.
Para los 16 de 1973 – esperanza en un balde de lata
con que sus seres queridos recuperaron algunos restos.

Finding Them Alive

*"Finding them alive and then rescuing them was
  like finding my brother again."*
    *—Words of the photographer Angélica Palleras,
    whose brother Alfonso was murdered in Copiapó
    37 years ago by the Caravan of Death.*
        (New York Times, *10/15/2010).*

The 33 closed their eyes in the bottom of the mine,
thrown down in the refuge of vapors, heat, and stones,
knowing that whichever way they looked
the 16 shadows of 1973 were near.

This was the secret meeting of the brother miners.
They stretched out their arms and saw
the murdered ones in their own eyes,
they did not embrace the copper and gold,
only those presences who sat themselves down
among the living to begin the listening,
the stories of those who never went anywhere,
those who would lie there, never to be raised.

How much time do we have?
A day, a month, years?
The bread has been bitter,
the water tastes of fear and
the darkness smells of terror.
Here the sun never rises nor does the moon shine.
We persist in the namelessness of the mineshaft.
All that survives are these hills,
bruises of Atacama,
human hearts that cave in.

For the 33 there were promises – and a rescue capsule.
For the 16 of 1973 – hope in a tin bucket
with which their loved ones collected some remains.

Es una cosa la postura de oponerse al asesinato,
es otra el quizá saber y silenciarse.
Es el lugar donde la broca del barreno perfora el desierto
y orifica la cruda roncha roja.

It's one thing to take a stand against murder,
it's another to know, but keep silent.
It's the place where the drill-bit punctures the desert
and opens its raw red sore.

III.

ARAUCANÍA

ARAUCANIA

La emergencia de la memoria

(Calle Aníbal Pinto, Temuco, 1973)

Caminando a la feria
una tarde de octubre   trébol y clavel
niños gitanos jugando fútbol
en la plazoleta   cercana al mercado persa
me llevaron a otro tiempo

Mi mente es un volcán que nunca descansa
impactos de bala en mis recuerdos:

        espacio / ritmo
        ritmo / espacio

la pelota: tack-tack en el cemento
los disparos: ta-ta-tatá en el cerro
agujereando otra noche de octubre
el laberinto del sueño
tenía en las murallas relojes de arena
horas que se desmoronaban de a una

        ritmo / silencio
            tack-tack-tack
      silencio / ritmo
            ta-tatá-taratara-tatá

las descargas de disparos retumban
      por las gargantas
de los años   distantes y pasados

THE EMERGENCE OF MEMORY

(Aníbal Pinto Street, Temuco, 1973)

Walking to the street fair
one October afternoon   clover and carnation
gypsy boys playing soccer
in the plaza   near the flea market
took me back to another time

My mind is a volcano that never rests
thud of bullets in my memories:

     space / rhythm
     rhythm / space

the ball: tack-tack on the cement
the shots: ta-ta-tatá on the hill
piercing that other October night
labyrinth of dreams
had clocks of sand in the walls
hours that crumbled one after the other

     rhythm / silence
          tack-tack-tack
     silence / rhythm
          ta-ta-taratara-tatá

volleys of gunfire resound
     through the throats
of years   distant and past

EL HORNO

(A la ciudad de Temuco, 1973-1975)

Todas las noches oíamos los tiros
por el Ñielol y por las inmediatas cercanías.
Era un rumor alado desplomándose
como en un poema o una película de guerra.
Loros, copihues y hormigas morían de miedo
en pleno centro de mi ciudad,
marcados con reflectores vigilantes.
Por esas calles queridas
Neruda, Mistral, Teillier y otros
habían caminado escribiendo sus versos,
mientras a los estudiantes se los mataba de tristeza
o aparecían ya muertos en las puertas de sus hogares.

Fue el comienzo del desperdigamiento.
Las universidades desmanteladas y
las diarias llamadas al cuartel en la radio
ponían los nervios de punta.
Ningún libro a qué aferrarse. Se prohibieron
Los de debajo de Mariano Azuela,
El mundo es ancho y ajeno de Ciro Alegría,
Mariátegui, Cortázar, Manuel Rojas y otros escritores
expurgados de mis clases.

Ese año la primavera huyó de Temuco
y las cartas demoraban no sé cuánto tiempo.
El cerro tenía una deidad: el otoño,
y el vivir fue una forma de agonía
como un morir gradualmente inhalando gas.

THE OVEN

(To the city of Temuco, 1973-1975)

Every night we heard the shots
on Ñielol peak and in the surrounding countryside.
It was a winged sound collapsing
as in a poem or a war movie.
Parrots, *copihue* flowers, and ants were dying of fear
right in the center of my city
marked with watchful searchlights.
Through these beloved streets
Neruda, Mistral, Teillier, and others
had walked writing their verses,
meanwhile, students were being killed by grief
or they showed up already dead in the doorways of their houses.

It was the start of the scattering.
The dismantled universities and
the radio's daily summonses to present ourselves at the *cuartel*
set our nerves on edge.
No book to cling to. They outlawed
The Underdogs by Mariano Azuela,
Broad and Alien is the World by Ciro Alegría,
Muriátegui, Cortázar, Manuel Rojas and other writers
purged from my classes.

That year spring fled from Temuco
and letters were delayed who knows how long.
Ñielol Hill had only one deity: autumn,
and to go on living was a kind of agony,
a gradual dying from inhaling gas.

Desaparecido

(Dedicado a Maurice Hebert)

A la vuelta de la esquina desapareciste.
Te dieron por perdido ante mis propios ojos.
Dos agentes del servicio secreto te sacaron a golpes
y te llevaron de tu oficina en la universidad.
Más de cuarenta años han pasado
y lo que dijiste ha quedado crudo en el aire
con algún sabor a divino.
Murmuraste en inglés:

It is finished.

Los voceros de la ley y el orden amenazaban la población
y los jinetes de la persecución cabalgaban los días grises.
Los periódicos locales sin escribir una palabra
mientras un frío desconocido petrificó la verdad
donde me dejaste temblando en las sombras.

DISAPPEARED

(Dedicated to Maurice Hebert)

You turned the corner and disappeared.
They reported you missing before my very eyes.
Two agents of the secret service roughed you up
and dragged you from your office at the university.
More than forty years have passed
and what you said has remained hanging in the air
with some flavor of the divine.
You murmured in English,
                              It is finished.

The spokesmen of law and order were threatening the town
and the horsemen of persecution rode the gray days.
The local newspapers never wrote a word
while an unknown cold turned the truth to stone
where you left me trembling in the shadows.

Último tren

¿De dónde vino este tren
y por qué estaba en la estación?
Un fantasma gimiendo desde otra época
lo abordamos en silencio esa mañana.
Era el último tren de carga, un fugitivo.

Los pasajeros sentados en los bancos de madera,
viajando juntos por accidente,
oteaban a través de los ventanucos del carro cocina
un paisaje vacío e inolvidable,
carreteras desiertas y campos de silencio.
¿A dónde vamos? ¿A Concepción? murmuraba un pasajero.
¿Qué haré con mis libros? pensaba otro en voz alta,
mientras el de más allá abrazaba una rodela de queso.
La mujer de negro parecía ya vivir entre los muertos,
y la estudiante cerraba sus ojos ante la incertidumbre.
Las imágenes del horror: los tiros de metralleta, la ambulancia,
los tanques en las calles, niños y madres apurando el paso.
Fecha: 11 de septiembre, once del nueve.
Los rieles se resistían y chillaban,
parecían estirarse en vez de acortarse.
¿Existiría una estación para esta emergencia?

El conductor apareció para comunicar una orden:
"Habrá una sola parada, Temuco,
todos tienen que desembarcar allí
y presentarse a las fuerzas armadas
para revisar su documentación y sus pertenencias.
Si usted es inocente, no tendrá problemas y debe
irse a su casa. Hay toque de queda y puede ser
baleado por accidente. Si resulta culpable
debe irse con ellos. Les deseo buena suerte".
Dijo esto y desapareció, como un fantasma,
cruzando la puerta de la locomotora.

LAST TRAIN

Where did this train come from
and why was it there in the station?
A phantom whimpering from another time.
We boarded it in silence that morning.
It was the last freight train, a fugitive.

The passengers seated on their wooden benches,
traveling together by happenstance,
were gazing through the grubby windows of the dining car
at a landscape empty and unforgettable,
deserted highways and fields of silence.
Where are we going? To Concepción? murmured one passenger.
What will I do with my books? another one thought aloud,
while the one farthest away embraced a wheel of cheese.
The woman in black seemed to dwell among the dead
and the student shut her eyes before the uncertainty.
Horrific images: machine gun fire, the ambulance,
tanks in the streets, mothers and children fleeing.
Date: September 11, Nine Eleven.
The rails resisted and kept screeching,
they seemed to stretch out instead of shortening.
Would there be a stop for this emergency?

The conductor appeared to transmit an order:
"There will be only one stop, Temuco,
everyone will have to detrain there and
present yourselves to the Armed Forces
to have your documents and luggage searched.
If you are innocent, then you are clear and free
to go home. There is a curfew and you could
be shot by mistake. If you are guilty
you must go with them. I wish you good luck."
He said this and disappeared like a phantom
through the door into the locomotive.

La MORDAZA

El once de septiembre
en Chile.
El cielo de la noche
hecho piel humana.
Dejaba los dedos manchados
con sangre ennegrecida.

*

Engarzadas imágenes de chilenos
haciendo sufrir a sus propios hermanos,
persecución, ejecuciones, tormentos,
redadas, tumbas sin nombre,
mientras yo en la sombra del miedo
ni siquiera me atrevía a decir
"Esta boca es mía".

Vivía en el silencio,
un duro y cóncavo silencio,
mientras el cielo era nada más que cenizas,
algo ya quemado en otros países
por la misma causa, en otros siglos.

Vivía en un silencio
con esas engarzadas imágenes
que todavía asaltan mi cerebro,
la inmunidad no cura el dolor.
Todavía vivo en el silencio.

*

Cuando los recuerdo entro en un invierno
que llena la sangre en mi boca con piedrecillas
que cicatriza las palabras y las cartas arrugadas
que me pone una mordaza de hielo en la boca
que dibuja rostros en mis sueños
luego los torna en agua
después en vidrio hasta que mi cuerpo se congela
y eso es suficiente pena.

GAG

September 11
in Chile.
The night sky
made of human skin.
It left the fingers stained
with blackened blood.

*

Tangled images of Chileans
making their own brothers suffer,
persecution, executions, torments,
raids, nameless graves,
while I in the shadow of fear
never even dared to say
"This mouth is mine."

I used to live in silence,
a hard and hollow silence,
while the sky was nothing more than ashes,
something already burned in other countries
for the same cause, in other centuries.

I used to live in a silence
with those tangled images
that still assault my brain,
immunity does not cure pain.
I still live in silence.

*

When I remember them I enter into a winter
that fills the blood in my mouth with pebbles
that scars my words and crumpled letters
that fits a gag of ice over my mouth
that sketches faces in my dreams
then turns them to water
then glass, till my body is frozen
and that is enough pain.

Postal a Temuco

A quien le concierna:

Me sentí como una estrofa suelta rondando tus calles. Entonces, compré esta postal en el mismo kiosco de antaño, en tu edificio de Correos. Casi nada ha cambiado – la misma escalera de entrada, el mismo color fome de las paredes y los rostros absortos en las ventanillas. Miro tu mural emblemático y me pregunto ¿Es ésta la misma pintura de Celia Leyton, la amiga de mi madre?

Temuco, nadie sabe que dentro de tus volcanes enterraron estrellas. Volcanes que de lejos te dominan con luces apagadas. También la misma lluvia y el mismo musgo traspasan los vidrios de los dormitorios. Las heladas negras abrazan las rumas de leña seca que quemas en invierno. Tus vendedores ambulantes y la Cruz de Mayo aún cantan a tu puerta. Los puestitos en cada esquina se multiplican con los fríos llegados de otras regiones.

Sentimientos de exilio, los mismos y otros como siempre.

Temuco, te hablo con verbos que nos arropan sin que nadie escuche.

Tus paredes traen a la memoria un viejo sillón vacío, una estufa apagada, muebles con gorgojos, un piano fantasma y la Colección Moderna de Conocimientos Universales de W. M. Jackson Editores, Nueva York. La invisible e inhabitable geografía donde viví una vez.

Post Scriptum: Y ahora soy el ojo en el reloj de tu catedral. Mis manos, dos aguijones que taladran tu suelo duro y desentierran ataúdes por donde salen animales pequeños y voces diminutas que sólo se pueden entender en traducción. Mis raíces.

POSTCARD TO TEMUCO

To whom it may concern:

I felt like a detached stanza wandering around your streets. Back then, I bought this postcard in the same kiosk as long ago in your Post Office building. Almost nothing has changed – the same entrance stairway, the same dull color of the walls and the same self-absorbed faces in the little windows. I look at your emblematic mural and I wonder: Is this the same painting by Celia Leyton, my mother's friend?

Temuco, nobody knows that there are stars buried within your volcanoes. Volcanoes that dominate you from afar with dimmed lights. Also the same rain and the same moss penetrate the bedroom windows. Black ice embraces the cords of dry firewood that you burn in winter. Your street vendors and Cross of May devotees still sing at your door. The little stalls on every corner multiply with the cold that has come from other regions.

Feelings of exile, the same and different as always.

Temuco, I speak to you with words that clothe us even though no one listens.

Your walls that bring to mind an empty chair, an extinguished stove, weevil-eaten furniture, a phantom piano and the Modern Collection of Universal Knowledge by W. M. Jackson Editors, New York. The invisible and uninhabitable geography where I once lived.

P.S. And now I'm the eye in your cathedral's clock. My hands, two talons that claw your hard soil and dig up coffins out of which come small animals and tiny voices that can be understood only in translation. My roots.

Cayena

¿Se imaginaría alguna vez que iba a ser tan famoso, personaje de lo real maravilloso, mucho antes de los *Cien años de soledad*? ¿Por qué abandonaría Pitrufquén, su pueblo natal? ¿Qué significaban las sentencias que geminaba por las calles de Temuco?

Bufón con escoba en mano que flameaba como bandera, declarando que era *"para barrer los gobiernos de turno"*. Le seguían niños y perros callejeros, rebotando a su alrededor como si hubiera llegado un circo con un solo payaso, circo sin elefante blanco o león gruñón, mago descompuesto, mareado con tufo de tabaco cubano y los mariscos crudos que comía al desayuno.

¿Qué trabajos hicieron sus manos? Los letreros del viejo cinematógrafo, los dibujos de los niños y el cuidado del mercado público donde dormía las duras noches de invierno. Homero con ojos abiertos a la oscuridad lúcida, volcán arropado, gentil "torrante", géiser temucano, revelación de lo que se nos venía encima.

Rey sin espada, leyó la baraja. *Duelos y quebrantos*, adivinó el destino.

CAYENA

Could he ever have imagined that he'd be so famous, a character out of magic realism long before *One Hundred Years of Solitude*? Why would he have abandoned Pitrufquén, his home town? What did they mean, the pronouncements that he used to sprinkle over the streets of Temuco?

Buffoon with a broom, which he used to brandish like a flag, declaring that it was "*to sweep the governments out of office.*" Children and stray dogs followed him, bounding around him, as if the circus had arrived in town with only one clown, a circus without a white elephant or grumpy lion, comic magician, reeling drunk with the stench of Cuban tobacco and the raw shellfish he used to eat for breakfast.

What jobs did his hands do? The old movie posters, drawings of children, and guarding the Public Market where he used to sleep during Temuco's hard winter nights. Homer with eyes open on lucid dark, volcano in a suit, genteel sewer-pipe surfer, geyser of Temuco, revelation of what was coming over us all.

King without a sword, he read the deck of cards. *Sorrows and afflictions*, he divined our destiny.

El FRENO

Por las calles de piedras de huevillo, corre una carretela empujada por caballos famélicos, les golpea sus lomos el carretero, se le tuerce una pata a una yegua, la bestia apenas camina, se le ven las costillas y el letrero al costado de la carreta indica "Se Fleta", mientras el hombre parado en el cajón, le saca chispas al látigo que grita en el aire "hambre". Hoy no ha acarreado nada, no ha vendido nada. Los cascos resuenan disparejos en el cemento. Hombre y caballo, mordiendo el freno.

THE BIT

Along the cobblestone streets moves a cart pulled by starving horses, the cart driver whips them, whips their flanks, one mare twists a pastern, the creature can hardly walk, you can see her ribs, the lettering on the side of the cart says "For Hire," while the man standing in the cart bed makes sparks fly from his whip that cries "hunger" into the air. Today he has hauled nothing, he has sold nothing. The hooves clip-clop unsteadily on the pavement. Man and horse, chafing at the bit.

AGUACERO CALLE ABAJO

"Espera bajo toda la lluvia
destilada por el mantel sucio del cielo"
—Jorge Teillier, "Los trenes de la noche"

Cielo encapotado,
lluvias que todo lo vuelven verdinegro,
que golpean los techos como piedrecillas,
corren por las gargantas de las casas de lata
y bailan con los paraguas calle abajo.
Dice la gente que el sur es así:
el presente es siempre mojado
y que nunca llueve ni en el futuro y ni en el pasado.

Se cierran los puestos en la feria,
abrigan los caballos que tiran los carretones,
un perro pega un ladrido, balan los corderos,
corren las madres y sus hijos a la salida de la escuela
y maldicen el aguacero, *pordiosito santo*.

Una carreta de cochayuyo aprieta el paso,
los bueyes saludando el lodo,
pasan las micros, rauda la liebre,
tocan bocina los autos de arriendo,
alguien se refugia en un almacén,
la talabartería frente a la estación de trenes
para escapar el desorden.

El aguacero viene aún más fuerte, acariciando
las veredas y tornando las calles en espejos blancos,
charcas y lagunas, blancas como vestidos de novia
en revista de moda de páginas lustrosas.

De repente aparece un pedazo de azul,
linterna mágica o vestíbulo abierto,
mientras el agua remanente del paño estrujado,
se queda en goteo letárgico y se niega a desaparecer.

Downhill Downpour

*"It waits under all the rain
filtered through the dirty tablecloth of the sky"*
—Jorge Teillier, "Night Trains"

Overcast sky,
rains that turn everything dark green,
that rap upon the roofs like pebbles,
that run through the throats of the tin houses
and dance downhill with umbrellas.
People say that the south is like this:
the present is always soaking wet
and it never rains in the future or the past.

They close the stalls at the fair,
cover the horses that pull the wagons,
a dog lets out a bark, the sheep bleat,
mothers and sons run toward the school exits
and curse the downpour, *for the love of God!*

A wagon loaded with kelp hastens its pace,
the oxen nod their heads to the mud,
the busses go by, the micro-bus scurries,
the taxis play their claxons,
someone takes refuge in a shop,
the saddlery across from the train station
to escape the madness.

The downpour comes down even harder, caressing
the sidewalks and turning the streets into white mirrors,
puddles and pools, white as wedding gowns
in the glossy pages of fashion magazines.

Suddenly a bit of blue appears,
magic lantern or open vestibule,
while the water remaining in the wrung-out washcloth
continues its lethargic dripping and refuses to disappear.

Mapuche: Mercado Municipal

Maqui   maqui maduro   ofrece al aproximarse
canasto de aromas y verduras   mercado de Temuko
chamal y cintas de colores   tu piel ciudadana
¿Qué vende señora?
Murtilla y avellana   moras maduras
manojos de quillay   mote mei   caserita

Me devuelves la esperanza   tiñes mi lengua
con tu maqui maduro   Ave Fénix Mapuche
mujer y fogón   madera de canelo
resististe Conquista y Colonia
en las historias que escribes a telar
entre el árbol y tu cintura
sueños que todavía duermen en tus hilos

Me alegra escucharte   mujer
me pregunto cómo sobrevives las tragedias
de los años que trajeron más años
las viejas maneras que trajeran nuevas
Arauco aún vive contigo en
esta tierra espigada   la nuestra

Mapuche: Public Market

Maqui berries   ripe maqui berries   she offers approaching me
basket of scents and vegetables   Temuko's public market
chamal blanket and brightly-colored ribbons   your civic skin
What are you selling ma'am?
Myrtle berries and hazelnuts   ripe blackberries
bunches of quillay   cooked mote   caserita

You give me hope   stain my tongue
with your ripe *maqui* berry   Mapuche, Phoenix
woman and bonfire   cinnamon wood
you resisted Conquest and Colony
in the stories you write with your loom
tied to the tree and your belt
those dreams that still sleep in your threads

I'm happy listening to you   woman
I wonder how you endure the tragedies
of the years that brought more years
the old ways that brought new ways
Arauco still lives on in you
in this narrow land   our own

Puerto Saavedra

Desde arriba   desde el Cerro Mirador   las olas
mojan el inquieto pueblo y la playa Maule
vomitando en protesta   la insignia de nuestras adquisiciones
modernas   la chatarra   la basura   el plástico
entre las piedrecillas y los caracoles   mensajes aprisionados
        en botella
humedecen las almas   que bogan en las embarcaciones
velas desgarrándose ante la furia de los elementos
quebradas por la desesperanza   los pescadores
porque solo les queda un grito salino y ahogado
como de océano asesinado   como las bocas entreabiertas
y los ojos vidriosos de los peces   atrapados en las redes
los lenguados   los congrios   el jurel
tristes e impávidos   ojos de pejerrey
mirándose en el espejo del estuario del río
enajenados en el nuevo elemento, coleteando

Puerto Saavedra

From on high   from the Mirador Hill   the wild waves
wet the uneasy town and the Maule beach
vomiting in protest   the insignia of our modern
acquisitions   the scrap   junk   plastic
between the pebbles and snails   messages imprisoned in bottles
moisten the souls   that row the fishing dinghies
sails tearing themselves apart before the fury of the elements
broken without hope   the fishermen
because the only thing left to them is a salt-drenched cry
like a murdered ocean   like the half-open mouths
and glassy eyes of fish   trapped in the nets
sole   conger eel   horse mackerel
sad and impassive   eyes of smelt
gazing at themselves in the mirror of the river, estuary
estranged in the new element, flopping

Paisaje de Nehuentúe

El mundo era de colores entonces
y él entró en el espejo
tiró la caña en el río
y pescó el sol

Reconozco su bote en la fotografía
vino río abajo   remando lento
pasó hacia el océano
sumergiéndose en el horizonte

Trazó una luz ondeante en el agua
una línea gruesa tras de sí
Lo seguía un martín pescador
volando alto y silente

Nunca le he visto el rostro
sé que está en mi paisaje
oleaje suave   movimiento salado
oigo los remos   me asomo a la ventana

corriente costera   pescado y marisco
por su sol irán viajando
mis ojos este invierno

cuando regresa de pescar
en mi mar perplejo

Nehuentúe Landscape

The world was in color then
and he entered the mirror
he cast the line into the river
and caught the sun

I recognize his boat in the photograph
he came downriver   rowing slowly
moving toward the ocean
sinking into the horizon

He traced a rippled light in the water
a wide wake behind him
A kingfisher followed him
flying high and silent

I never saw his face
I know he is in my landscape
soft waves   salted motion
I hear the oars   go to the window

coastal current   fish and shellfish
my eyes will travel by his sun
this coming winter

when he returns from fishing
in my mystified sea

LAGO CABURGUA

Pétalos en tus ojos,
polleras danzarinas, tus olas
tu cielo, más encumbrado y
los arrayanes, haikus en el aire.

Se medían las montañas por el alto de tus volcanes,
el color obsidiana de tus aguas cuando llovía,
el canto de las bandurrias y el azul de las hortensias.
Arena blanca o negra, piragua que iba al sauzal,
pescador sin caña, para ti el tiempo era
una sola línea de sedal en tus aguas.

Emigraron tus mariposas y llegaron las avispas.
Perdiste los cantones de la luna
y lo que se balanceaba en tus rinconadas.
Se repitieron los veranos, generaciones tras generaciones,
fuiste ruido de motores, refugio para mansiones y carpas,
trataste de huir y corriste, pero ellos corrieron más rápido.

¿Te volveré a encontrar en la grieta de una roca,
en la casa de madera que habito,
o en esa corriente de agua que flota hacia ti,
en la que aún bogo en el amanecer de tus días?

CABURGUA LAKE

Petals in your eyes,
dancing skirts, your waves
your sky, loftier and
the myrtles, haikus in the air.

Your mountains were measured by the height of your volcanoes,
the obsidian color of your waters when it rained,
song of the ibis and blue of hydrangeas.
White sand or black, canoe that went into the willows,
fisherman without a pole, for you time was
a single strand of fishing line.

Your butterflies migrated and the wasps arrived.
You lost your moonlit promontories
and what used to shimmer in your coves.
Summers repeated themselves, generation after generation,
you were the noise of engines, refuge for mansions and tents,
you tried to escape and you ran, but they ran faster.

Will I meet you again in the crevice of a rock,
in the wooden house that is my dwelling,
or in that stream of water that flows toward you
in which I still glide in the dawning of your days?

CARTA A JORGE TEILLIER

Pasamos por el pueblo
el mismo que pudo haber sido el tuyo o el mío
las casitas amarillas al lado de la línea férrea
la alta torre de la iglesia del Perpetuo Socorro
las calles casi vacías e inundadas
por las lluvias frías del sur

Dime poeta que esto no tiene importancia
que sólo pasamos de largo
que no vimos las puertas de las casuchas
las gallinas al lado del camino
la maestra caminando a su trabajo
y el huaso a caballo rumbo
al verde potrero donde guarda su ganado

Dime poeta que ésta es una carta de amor al sur
que ni tú ni yo hemos mandado jamás
pero un secreto entre los dos   un puente
las vibraciones de un árbol   una hoja inmóvil
un guijarro en el río   las ondulaciones
las señales de desvío de mi mente y
el fantasma de tu poesía en el viento.

LETTER TO JORGE TEILLIER

We drove through town
the same town that could have been yours or mine
the small yellow houses by the railroad tracks
the tall tower of the Mother of Perpetual Help Church
the streets flooded and almost empty
in the cold rain of the south

Tell me poet that this doesn't matter
that we were just passing through
that we did not see the doors of the shacks
chickens by the road
the teacher walking to work
and the *huaso* on horseback riding toward
the green field where he keeps his cattle

Tell me poet this is only a love letter to the south
that neither you nor I has ever sent
but a secret between us   a bridge
the shaking of a tree   a motionless leaf
a pebble in the river   the ripples
my mind's detour signs and
your poetry's ghost in the wind.

Zine: Casa de lata

(A Orlando Nelson Pacheco)

Recuerdo tu aldea   tu casa de lata y
los tizones de tu poesía ardiente sin fronteras
          Por todas las tierras pasaremos

El tiempo te curtió la frente y
          marcó un rumbo sin faro para guiarte
dejaste una impronta en el cielo
          Franquear la vida

Chirihue dorado   de alas abiertas   te he imaginado
          libre o enjaulado   eco sin retorno
¿Cuántos países has caminado?
          Los caminos   las piedras de la memoria

Tu territorio ¿una ilusión o una imagen multiplicada?
          A veces avanzamos, me dijiste una vez

Voz tallada en el papel eres
          Casa de lata   tinta y estampa

ZINE: HOUSE OF TIN

(To Orlando Nelson Pacheco)

I remember your village   your house of tin and
the embers of your poetry burning without borders
        We will pass through all the lands

Time seared your forehead and
        marked out a course with no beacon to guide you
you left an imprint in the sky
        To post the mark of your life

Chirihue dorado   with wings outspread   I've imagined you
        free or caged   echo without return
How many countries you have walked?
        The roads   the stones of memory

Your territory: an illusion or an image multiplied?
        Sometimes we move forward, you told me once

You are a voice sculpted in paper
        House of tin   ink and stamp

,

Más allá del terremoto

(Caleta Tubul, 2010)

Cuando el verano se despedía con tibios soles
en la cordillera de la costa,
el sur comenzó a desmoronarse.

La muerte desperdigó huellas
que fueron un récord en los almanaques.

Los autos sin conductores rodaron por las calles,
el espinazo de las casas se quebró
y los edificios cayeron de rodillas.

Las fotografías muestran un seísmo
airado con el azote del tsunami.

Mar de desembarcos,
se perdieron las chalupas pesqueras
y los buzos, en la violenta boga,
fueron a dar al lecho submarino.

Los cuerpos de las tumbas dando tumbos
desde el campo santo fueron a dar,
los ojos desnudos, a la playa desgreñada.

Y después,
volver al comienzo,
a barajar las olas como naipes por nada,
ir más allá de los temblores de la mente,
poner las palabras juntas,
a levantarse el día siguiente
y volver a vestirse.

BEYOND THE EARTHQUAKE

(Caleta Tubul, 2010)

When summer bid farewell with warm suns
in the coastal range,
the south began to collapse.

Death swept away tracks
that were recorded in the almanacs.

Cars without drivers rolled through the streets,
the roof beams of houses snapped
and buildings fell to their knees.

Images in the news showed an earthquake
enraged with the tsunami's lash.

Sea of disembarkations,
the fishermen's dinghies were lost
and the diver's suits, wildly pitching
went down to the seabed.

Bodies tumbling from the tombs
in holy ground showed up,
with open eyes, on the disheveled shore.

And then,
back to the beginning,
shuffling the waves like cards for naught,
going beyond the tremors in the mind,
putting the words back together,
rising the next day
and getting dressed again.

IV.

SANTIAGO

SAUCE LLORÓN

(Poema desde una arpillera de Violeta Parra)

Tu cabellera de lianas y hojas / solitario arpillera
arroyo de corriente melódica / tu sangre se desplaza por la luz
plateado cabello / paraguas frondoso / puerta vaivén
péndulo del tiempo / tu voz de sauce

Me rindo bajo tus alas / motas de plumas
  quieta te escucho

     cruje tu madera
       el clamor de parto mueve tus raíces

    entro en tu tronco / envejecido
      a estos patrones de puntos y bordado
        dejaste en herencia un vellocino de oro

Weeping Willow

(Poem based on an arpillera *embroidered by Violeta Parra)*

Your tresses of lianas and leaves / solitary *arpillera*
arroyo's musical current / your blood moves within the light
silver hair / lush umbrella / swinging door
weaver of time / your willow's voice

I surrender myself beneath your wings / tufts of feathers
    silent I listen to you

          your wood creaks
             the cries of childbirth move your roots

    I enter your trunk / grown old
        to these patterns of stitches and embroidery
        you bequeathed a golden fleece

LA REVOLUCIÓN DEL TEJIDO A CROCHET

Hagamos un chal para que las mujeres pasen el invierno
hagámoslo de albahaca y de tomillo para la madre embarazada
y de hojas secas de choclo para la campesina
hagamos un chal para cubrir sus hombros
hagámoslo para las mujeres de este cielo color tempestad
una misma con tantos nombres
cosido con hilos   transparencias de algas
con puntos de humo y niebla   lana atada a nuestros años

Un chal con sauces llorones y lunas para las tejedoras de Isla Negra
un chal de barcos para las que una vez fueron encarceladas en su tierra
un chal de gaviotas para las poetas anónimas que hablan la realidad
un chal de acordes crepusculares para las de tercera edad
un chal informe para huir de este sitio terrenal

Tejámoslo a crochet   como en los tiempos de la Colonia
punto bajo   punto raso y punto triple
hasta que se nos desgasten las manos   los tejidos de la resistencia

REVOLUTION IN CROCHET

Let's make a shawl so the women can spend a warm winter
let's make it of basil and thyme for the pregnant mother
and of dried corn leaves for the country girl
let's make a shawl to cover her shoulders
let's make it for all the women of this storm-colored sky
one just like it with different names
sewn with thread   seaweed transparencies
with stitches of smoke and fog   wool tied to our years

A shawl with weeping willows and moons for the weavers of Isla Negra
a shawl with ships for the ones who were imprisoned in their own land
a shawl of gulls for the anonymous women poets who speak the truth
a shawl of twilight harmonies for old age
a shapeless shawl for departing this earthly place

Let's make it of crochet   as in the times of the Colony
down stitch   flat stitch and triple stitch
until we wear out our hands   the fabric of resistance

Preguntas para Santiago

¿Cómo has podido cambiar tanto durante nuestra ausencia?
Si te preguntáramos / ¿dirías que nada ha sucedido?

¿Adónde se fue el pasado y nuestra juventud?
¿Dónde podemos encontrar los viejos letreros de tus calles?

¿Y los poetas / los diareros / los amigos?
¿Los cines / el Santa Lucía?

¿Proteges aún a los libreros y sus añosos volúmenes
de las calles Alameda y San Diego?

¿Qué hoyos de bala todavía acribillan los muros
de tus edificios centrales?

Questions for Santiago

How could you have changed so much during our absence?
If we asked you / would you say that nothing has happened?

Where did the past go, and our youth?
Where can we find the old signs from your streets?

And the poets / newspaper boys / friends?
The cinemas / the Santa Lucía?

Do you still protect the booksellers and their aged volumes
along the Alameda and on San Diego Street?

Which bullet holes still riddle the walls
of your buildings downtown?

AÚN BUSCA SU SITIO

¿Te oyen los otros del mismo modo que yo te escucho
mientras conduces por estas calles?
Desde el centro de mi universo sopeso tus palabras—
lo que siento es este hilo de Ariadna que nos une
y con que amarras los paquetes que entregas en tu trabajo.
¿Adónde debo mirar?

Quizás aquel día funesto de 1973
cuando trabajaste toda la mañana en tu taxi
y me dices no haberte dado cuenta
(conduciendo por las calles vacías)
que hombres y mujeres murieron aquí.
Dices *las cosas que he visto nunca volverán.*

¿Y quién desea vivirlas de nuevo?
A la edad de cinco años fuiste un huérfano
durmiendo bajo el puente Mapocho,
nido solitario   estrella quemada
nadie lloró ni se molestó por ti,
la tristeza siguió su rumbo como madero a la deriva.
Me dices no haberte dado cuenta.
¿Qué hiciste después para abrochar un día con el otro?

El mapa todavía busca su sitio,
en qué dirección piensa doblar
como tú
aún conduciendo por las mismas calles,
como tú
navegando en tu vejez
entre los muertos que hablan desde su tumba,
como todos nosotros
tratando de sobrevivir nuestros sueños.

Still in Search of a Place

Do the others hear you the same way I do
while you drive through these streets?
From the center of my universe I weigh your words—
what I feel is this Ariadne thread which joins us
and with which you tie the packages you deliver for your work.
Where should I look?

Perhaps on that ill-fated day in 1973
when you worked the whole morning in your taxi
and you tell me that you didn't realize
(driving through the empty streets)
that men and women were dying here.
You say *the things I have seen will never come again.*

And who wants to live them again?
At the age of five you were an orphan
sleeping under the Mapocho Bridge,
solitary nest   burnt-out star
nobody cried or bothered themselves for you,
sorrow followed its course like drifting timber.
You tell me you didn't realize.
What did you do after that to link one day to the next?

The map still looks for its place,
in what direction it wants to turn
like you
still driving through the same streets,
like you
navigating in your old age
between the dead who speak from their graves,
like all of us
trying to survive our dreams.

CALLES DE INCERTIDUMBRE

(Basado en un caso real, 1985)

Un día caminando por Santiago, yendo al trabajo,
la ciudad ya despierta al tráfico y a las muchedumbres,
pasé por el carromato de los carabineros.
Ellos tenían a un jovencito amarrado de manos y
lo estaban maltratando ahí mismo en la calle,
dándole puñetazos y apretando su cara
en contra el vidrio del carro. La gente mirando,
sin decir una palabra.

Me acerqué y hablé: "Por favor, no ve que es un niño.
¿Qué ha hecho?" El oficial se dio vuelta y acercando
su rostro al mío, contestó: "No se meta, señora. Este es un marxista
de mierda. ¿Quiere que la llevemos a Ud. también?"

Tuve miedo, así es que seguí mi camino a la oficina,
preguntándome incluso hasta este día, qué habría hecho
tan malo y tan joven y aún más, qué es lo que
todos hicimos para que esto sucediera.

Streets of Uncertainty

(Based on an actual incident, 1985)

One morning walking through Santiago, on my way to work,
the city already awake to traffic and crowds,
I passed by a patrol van of *carabineros*.
They had a young man in handcuffs whom they were
mistreating right there on the street,
punching him and pressing his face against
the car window. People watching,
nobody saying a word.

I approached and said: "Please, can't you see he's a child?
What has he done?" The officer turned to me and putting
his face close to mine, replied, "Stay out of this, lady. He's a fucking
Marxist. You want us to take you, too?"

I was afraid, so I walked on to my office,
wondering even to this day, what he had done
that was so wrong and he so young and even more, what
it was we all did that allowed this to happen.

Villa Grimaldi

(A Michelle Bachelet)

Erase un bosque que una vez fue encantado como el de Blanca
Nieves y el Príncipe o el de Caperucita Roja y el Lobo Feroz.

Erase una villa que pudo ser la Disneylandia chilena, *Neverland* o un
jardín donde sólo se escucharan niños jugando y voces pequeñas
cantando: *Doña Ana no está aquí, está en su vergel cuajado, abriendo
la rosa blanca, cerrando el rojo clavel.*

Erase una villa de sol chileno a la que le vendaron los ojos un día.
Entonces, el cuento continuó en la oscuridad y el bosque se llenó de
aullidos.

Erase un lugar sin reyes o hadas madrinas, pero con monstruos y
dragones invadiendo, rasguñando los troncos de sus árboles, tor-
turando a los presos, fragmentando sus huesos y enterrándolos sin
rituales ni adioses.

Pero si el silencio toma muchas formas, también el vacío.

En la Villa Grimaldi hay cajas, como la casa de los siete enanitos,
donde hacinaron por horas interminables a hombres y a mujeres.
Encerrados sí, pero no la mente ni la piel. Atrapadas sí, en cuadradas
cámaras de pesadillas que no se borraron.

En la Villa Grimaldi hay un ombú majestuoso que ofreció sus ramas
venenosas para ahorcar a un soldado como un Judas, porque se negó
a obedecer al poder.

En la Villa Grimaldi hay una alta torre que no fue la de Rapunzel, sino
una celda de varios pisos.

La Villa Grimaldi no fue sitio de tertulia de escritores e intelectuales.
En la Villa Grimaldi los coros de niños se entretejieron con los gritos
de los detenidos, aquellos que nunca más experimentaron la ternura
de una madre.

Villa Grimaldi

(To Michelle Bachelet)

Once upon a time there was an enchanted forest like the one in Snow White and the Prince, or in Red Riding Hood and the Big Bad Wolf.

There was a villa that could have been the Chilean Disneyland or Never Never Land or a garden where all you could hear was children playing and their little voices singing: *Doña Ana isn't here, she's in her blooming flower bed, opening the white rose, closing the red.*

There was a villa of Chilean sun whose eyes they blindfolded one day. Then, the story continued in darkness and the forest filled with howls.

There was a place without kings or fairy godmothers, but with monsters and dragons invading, clawing the tree trunks, torturing their prisoners, splintering their bones and burying them without rituals or farewells.

But if silence takes many forms, so does emptiness.

In Villa Grimaldi there are boxes, like the house of the seven dwarfs, where they piled up men and women for interminable hours. Men locked in, yes, but not their minds or skin. Women trapped, yes, in square chambers of nightmares that were never wiped away.

In Villa Grimaldi there is a majestic Ombú Tree that offered its poisonous branches to hang a soldier like a Judas, because he refused to obey the powerful.

In Villa Grimaldi there is a tall tower that is not Rapunzel's, but a multi-storied cell.

Villa Grimaldi was not a place for gatherings of writers and intellectuals. In Villa Grimaldi the children's choirs intertwined with the cries of detainees, those who never again felt a mother's tenderness.

87

Y por ello, como la mente peligra siempre ante el olvido,
como la historia escrita por los hombres suele soslayar la realidad,
porque Villa Grimaldi no se trata de cuentos de niños,
porque Villa Grimaldi fue otra Pequeña Tiendita de Horrores.

And that's why the mind always risks oblivion,
and History written by men often dodges reality,
because Villa Grimaldi has nothing to do with children's stories,
because Villa Grimaldi was another Little Shop of Horrors.

TUMBAS SIN NOMBRES

A los nunca nombrados en la televisión o en los diarios matutinos
en los libros de historia   en las tumbas donde se alega
fueron enterrados o en el lugar donde cayeron

A los nunca nombrados que vivieron y amaron   rieron
fueron una vez niños   durmieron en los brazos de sus madres
fueron hermanos   primos   tíos   fueron alguien

A los nunca nombrados que son vigas en ciertos ojos   sangre
en las manos de algunos o viven en la conciencia intranquila de otros

Los que no tienen nombre   y sin embargo
aunque diluidos por la lluvia
idos sin remedio
aún oyen cuando les pasan lista en el estadio

Tombs Without Names

To those never named on television or in the morning papers
in history books   on the graves where it's alleged
they were buried or in the place where they fell

To those never named who lived and loved   laughed
they were children once   they slept in their mother's arms
they were brothers   cousins   uncles   they were somebody

To those never named who are beams in certain eyes   blood
on the hands of some, or who dwell in the uneasy conscience of others

Those who have no name   and yet
though diluted by the rain
gone with no hope of return
they are still listening when the lists are read out in the stadium

Relatos de mujeres

Desde el margen   desde la verja
como mariposa cenicienta   pasé por tu lado

Sentada en la puerta de tu casa
oteabas el aire como gata anciana

Correteando las calles   tocando el timbre
en la puerta del lugar donde laboras

Te vi en el fondo de un patio
lavando ropa a mano en una batea

Pidiendo limosna entre los autos
sorteando esos rotundos oleajes

Tu hijo en brazos
magnificando la pobreza

Te vi barquera de la noche
fulgor en las espuelas de tus tacones altos

Con voz y pancartas protestando
enarbolando la petición y tus ojos en la huelga

Te vi comprando ropa usada
como si fueran Ambrosolis en tu boca

Te supe trabajadora con turno de 12 horas
en el frío de la pesquera y empaquetadora

Sé que te encontraron muerta
tu valor es igual al de un gorrión

Y sé que has perdido la sonrisa
mientras haces todas las preparaciones

Stories of Women

From the margin   from the window ledge
like an ashen butterfly   I went by on your side of the street

Sitting in the doorway of your house
you are sniffing the air like an ancient cat

Roaming the streets   ringing the bell
of the place where you work

I saw you at the far end of a garden
scrubbing clothes by hand in a washtub

Begging between cars
dodging those inevitable surges

Your son in your arms
magnifying your low degree

I saw you navigating the night
sparks rising from the spurs of your high heels

Protesting with voices and banners
brandishing your demands and your eyes in the strike

I saw you buying used clothing
as if it were hard candy in your mouth

I knew you were a worker on the 12-hour shift
in the chill of the fishery and packing plant

I know that they found you dead
worth less than a sparrow

And I know you have lost your smile
while you make all the necessary preparations

para la vida y la muerte
navegando este río lleno de sedimento

herido en cada orilla
en búsqueda de un puerto de luciérnagas

for life and death
sailing this river full of silt

wounded on every side
seeking a port of fireflies

SEGUNDA CARTA A JORGE TEILLIER

(Desde Cabildo a la chichería en Lautaro)

Visitar tu pueblo
al que dejaste para dormir, sin enviar telegrama, en otra parte,
Cabildo creo que se llama, es entrar en la médula de tus huesos
poéticos, con sabor lejano a pasto y a pipeño. Cualquier día,
entrando en la chichería lautarina, piso de tierra firme, olor a
fermento, mesas y sillas de madera agónica, hombres de ojos
vidriados y tristes, durmiendo sobre los odres ennegrecidos
por el humo, la sala donde te reunías con los amigos, solo
sus imágenes en la pared, fantasmas que conversan atravesando los
años junto a tu hermano Iván, viejas carátulas de discos, linternas de
guardagujas, botellas forradas en mimbre, olletas de cuatro patas y
radios que pasaron los 70, solos en una pieza sola, igual que
los árboles en tu pueblo, los bueyes y las carretas de
cochayuyo, los trenes, tantos seres desdeñados y
el pronóstico del tiempo para mañana: probable lluvia.

Second Letter to Jorge Teillier

(From Cabildo to the Cider Mill in Lautaro)

To visit your town
the one you left to fall asleep, without sending us a telegram, in
another place, Cabildo I believe it's called, is to enter the marrow
of your poetic bones, with a distant flavor of grass and home-
made wine. Any day, walking into the bar in Lautaro's cider mill, solid
earthen floor, scent of fermentation, tables and chairs
of tormented wood, men with sad glassy eyes, sleeping on top
of the smoke-blackened wine skins, the lounge where you used
to get together with your friends, only their images on the wall,
ghosts who talk across the years with your brother Iván,
old record covers, switchman's lanterns, bottles encased in wicker,
four-legged pots and radio consoles from 70 years ago, alone
in a lonely room, just like the trees of your town, the oxen
and wagons hauling kelp, the trains, so many forgotten ones
and the weather forecast for tomorrow: rain likely.

Rugendas en Chile

Fresca y temprana la mañana, una mujer a orillas del riachuelo cerca del pueblo, delantal que adorna su sencillo vestido, blanco el lavado. Al fondo, los verdes álamos, las figuras borrosas. Garbosa lavandera chilena, ojos y cabellos de sombra, manos aladas, cada uno de sus movimientos una ráfaga de sol.

El huaso montado en su caballo se acerca para coquetear con la joven. Manos descansando en el pomo de la montura, sombrero ladeado, confidente le dirige la palabra. Bebe el caballo. Suspiran las aguas y expulsan su aliento. La tristeza guiña un ojo, todo lo que nunca ha conocido ella, perdido ya esta mañana tan fresca y temprana. El paisaje se prepara para el asalto.

Rugendas in Chile

The morning fresh and young, a woman on the banks of the brook near town, apron that adorns her simple dress, the white laundry. In the background, green poplars, indistinct figures. Chilean washerwoman elegant as Garbo, shadowed eyes and hair, winged hands, each of her movements a glint of sun.

The cattleman on horseback approaches to flirt with the young woman. Hands resting on the pommel of his saddle, *sombrero* cocked, sure of himself he addresses her. The horse drinks. The waters sigh and expel their breath. Sadness winks its eye, everything she has never known, already lost this morning so fresh and young. The landscape braces for the assault.

V.

Inventario de mi tierra

Inventory of My Land

Inventario de mi tierra

Mi cuerpo te abraza desde la altura.
Estudio del aire con una mirada.
El mensaje de los rieles y el tren azul aún cruzan el espacio.

La torre de la iglesia derrama sus campanas por el vecindario.
Se alejan las nubes algodonadas, dos queltehues aligeran el vuelo.
Mi zona inestable en esta ciudad verde: Pueblo Nuevo.
Me deslizo boca abajo y voy dibujando y desdibujando los techos
alemanes de las primeras casas, después las poblaciones cercanas
          al río Cautín,
tu lecho de piedras que todavía agita los muertos, lugar donde
          abandono objetos
que pueden despeñarse y continúo hacia el cono de tus volcanes.
Repaso suave la rugosidad del Lonquimay
más allá de esta primavera hasta donde las aguas nacen.

Dejo detrás tu lenguaje de humo. Evoco tus mapas de sangre.
Bebo té de boldo. Robo el espíritu que te florece.
Retorno aroma a madera dulce, a madera húmeda.

¡Y pensar que esto fue solo una mirada hacia lo que queda!
¡Qué tiempo tan breve, un caro día!

Inventory of My Land

My body embraces you from on high.
I study the air with a glance.
The message of the rails and the blue train still cross space.

The church tower spills its bells throughout the neighborhood.
Cotton clouds distance themselves, two *queltehues* hasten their flight.
My unstable zone in this green city: *Pueblo Nuevo*.
I slide face down and go on drawing and erasng the German-style
roofs of the first houses, after them the settlements near
       the *Cautín* river,
your bed of stones that still stirs up the dead, place where
       I abandon objects
that can throw themselves from cliffs, I keep moving toward the
       cones of your volcanoes.
I pass softly by the furrowed slopes of *Lonquimay*,
beyond this springtime to where the waters are born.

I leave behind your language of smoke. I evoke your blood-maps.
I drink *boldo*-leaf tea. I steal the spirit that makes you flourish.
I return as aroma of sweet wood, of humid wood.

And to think this was just one glance toward what remains!
How brief the time, one dear day!

Lapislázuli

A veces las calles se vuelven memoria
las ciudades imaginan otras
en esa distancia entre vocablos
entre el sueño y la realidad
las historias buscando refugio

para el que se ha quedado o se fue
el viaje de la mente es el más corto
En esta tierra una cosa es verdadera
cobre en polvo significa azul

Las distancias son medidas por palpitaciones
el pulso de las manos de bienvenida
en las noches, soledad en cada ciudad
las historias buscando refugio

para el que se fue o se ha quedado
el viaje más largo es al corazón
En esta tierra una cosa es verdadera
azul significas tú

LAPIS LAZULI

Sometimes the streets turn to memory
the cities imagine others
in that distance between words
between dream and reality
stories seeking refuge

for the one who has stayed or departed
the journey of the mind is the shortest
>   *In this land one thing is true*
>   *copper powder means blue*

Distances are measured by heartbeats
the pulse of welcoming hands
at night, solitude in every city
stories seeking refuge

for the one who departed or has stayed
the longest journey is to the heart
>   *In this land one thing is true*
>   *blue means you*

Desmapar

La tierra se está alejando y tiembla el mapa doblado en mi falda.
Miro la mañana acanelada. Las figuras que caminan por la ciudad
en mi bitácora han sido pintadas por Remedios Varo, las mágicas
palabras de una mujer-pájaro. Formaciones de pinturas, llamas
que se van distanciando. O mis dibujos hechos con la mano izquierda
que esbozan una mujer que no está contigo. Cabellera, pincel y lápiz.

El mapa ya se hace menos visible. Atrás, lejos, tantos lugares
que nunca visitaré y que quedarán como la atracción de
lo inaccesible. Hoy se hacen presentes solo estas tazas de café,
estas LanzasPlazaÑuñoa apuntando hacia el cielo y estos minutos
que nunca serán tan largos como una amistad.

UNMAPPING

Earth is moving away and the map folded on my knees is trembling. I gaze at the morning turned cinnamon. The figures that move through the city in my logbook have been painted by Remedios Varo, the magic words of a bird-woman. Formations of paintings, flames that go on distancing themselves. Or my own drawings done with the left hand that sketch a woman who is not with you. Long tresses, brush and pen.

The map is already turning less visible. Behind it, far off, so many places that I will never visit and that will remain as the attraction of the unattainable. Today only these cups of coffee present themselves, these ÑuñoaSquareSpears pointing toward the sky and these minutes that will never be as long as a friendship.

Delta Vuelo 325 – Destino Atlanta

Buenas noches, señores pasajeros,
el capitán y la tripulación del vuelo Delta 325
con destino a Atlanta, les da la bienvenida.

Una luz nostálgica baña los edificios de la ciudad,
se vuelven violeta los campos alrededor de Santiago
y al fondo, las sombras de la cordillera.

Mantendremos el vuelo a 35.000 pies de altura,
y serviremos desayuno a las 5 de la mañana.
Deben llenar 2 papeles de entrada
por si han comprado algún objeto *duty free*,
cumpliendo con la ley internacional.
Serviremos 1 copa de vino como atención,
a la velocidad de 700 kilómetros por hora.
Por favor, no se desabrochen los cinturones,
mantengan sus asientos derechos,
habrá 1 película esta noche,
apriete el botón rojo si necesita algo,
por si no se duerme o quiere 1 vaso de agua.

Regresando a través de los años,
saltando fechas, universidades,
libros y hecatombes,
la ventanilla oval a mi lado izquierdo
indica, como reloj de pared,
que es hora de subir el telón.

Velo sobre velo,
la memoria despliega muchas formas.
Uno es haber sido, otro es retornar,
y a veces, como ahora, volver a partir.

Delta Flight 325 – Destination Atlanta

Good evening, ladies and gentlemen,
the captain and crew of Delta Flight 325
to Atlanta welcome you.

A nostalgic light bathes the buildings of the city,
the fields turning violet near Santiago
and in the background, the shadows of the Andes.

We will maintain a cruising altitude of 35,000 feet,
and serve breakfast at 5 a.m. before we land.
You should fill out 2 entry forms
in case you have purchased any duty free items
in compliance with international law.
We will serve 1 glass of wine as a courtesy
at a velocity of 700 kilometers per hour.
Please do not unfasten your seatbelts,
keep your seatbacks upright,
we will show 1 movie this evening,
press the red button if you need anything,
if you cannot sleep or you need 1 glass of water.

Coming back across the years,
leaping over dates, universities,
books and disasters,
the oval porthole on my left
indicates, like a wall clock,
that it´s time to raise the screen.

Veil over veil, memory has many forms.
One is to have been, another is to return,
and sometimes, as now, to depart again.

Ventana abierta en septiembre

El brazo doliendo, el martillo pegando, en una casa, en una pared,
los vecinos construyendo una adición, los inventarios de Georges
Perec, calladamente repasar el plan estructural del texto, Umberto
Eco, la sierra con su firme chillido, acelerada madera en pedazos,
como los días inalcanzables que se continúan uno tras otro,
se acerca el 4, el 11, el 16, el 18, el 19, el 23, nadando en el mar libre,
entre olas, entre otros años, el café rebalsándose, los pantalones
de mezclilla en la lavadora, el ring del teléfono, el silbato del tren
que interrumpe el pensamiento, ya están listos, nada impide
la memoria, ni la lavadora ni la construcción, hojas envejecidas
entre libros, un zumbido, ya están listos, parar la máquina, parar el
dolor, parar de escribir; no parar la continuidad, el incienso
de memorias, tomo un sorbo de café, café negro bien cargado,
antes de levantarme de la mesa, observo mi gata, va hacia
la ventana abierta y otea el aire, tratando de reconocer algo
más allá de la rejilla, es el olor marino de esta ciudad,
la determinante rutina de otro día más.

Window Open in September

Arm hurting, hammer pounding, in a house, on a wall, the neighbors
building an addition, the inventories of Georges Perec, quietly
reviewing the structural outline of the text, Umberto Eco, the saw
with its steady screech, wood hurried into pieces like days
out of reach that continue one after the other, the 4th, the 11th,
the 16th, the 18th, the 19th, the 23rd all approach, swimming
in the open sea, between waves, between other years, the coffee
boiling over, blue jeans in the washing machine, ring of the telephone,
the train's whistle interrupting my thoughts, now they're ready, nothing
impedes the memory, not the washing machine or the construction,
leaves weathered with age between pages of books, a buzzing, now
they're ready, to stop the machine, to stop the pain, to stop writing;
but not to stop the ongoing, the incense of memories, I take a sip
of coffee, good and strong, before getting up from the table,
I observe my cat, she goes over to the open window and sniffs the air,
trying to identify something, beyond the screen, it's the marine
odor of this city, the determining routine of one more day.

OTRO LENGUAJE

Retorno a la inversa.
Chile, tarde o temprano, nos encontraremos de nuevo.
En Seattle, llegando a casa.

Alguien dijo que es imposible estar en dos partes a la vez
y que para estar en otro lugar es necesario aprender su lenguaje.
¿Se deslizará el segundo idioma por el dédalo
de nuestros huesos de la misma manera como el primero?

Cerrando las persianas, éstas que marcarán
el siguiente paso: principio o final.

Las historias se acercan siempre desde la lejanía. No todas
alcanzan a llegar, algunas se detienen y miran de lejos. Otras
que estaban por allá se acercan y se paran frente a las ventanas.
Traspasando los cristales descubrirán la fórmula
para devolver el mundo a su lugar correcto.

Volver para quedarse añorando.

Another Language

Return in reverse.
Chile, sooner or later, we will meet again.
In Seattle, arriving home.

Someone said that it's impossible to be in two locations at once,
and that to be in another place you need to learn its language.
Will the second idiom slip through the labyrinth
of our bones like the first one?

Closing the blinds, which will frame
the next step: beginning or end.

The stories approach always from a distance. Not all
manage to arrive, some stop and gaze from afar. Others
that were over there approach and stop in front of the windows.
Passing through the window panes they'll discover the formula
for returning the world to its proper place.

To return to continue yearning.

Ancho y ajeno es el mundo

Porque hace viento y el mar está entintado. Porque octubre ya
ha comenzado. Porque en el jardín los tomates han caído
de sus plantas. Porque los últimos rayos del sol funden
sus pepas de oro en los árboles y las llaves de los arces
danzan en punta de pies por las calles.

Porque la tierra es una caja de música mareada. Porque este año
no es exacto y no estás aquí. Porque *Ancho y ajeno es el mundo*.
Porque el reloj se arregló al compás de la órbita, porque aquí son
las cinco en punto de la tarde y en el fin del mundo son las diez.
Porque un instante puede ser una palabra al vuelo o el aleteo
de pájaro. Porque este mundo entra por mi boca y se expande
en mi mente. Y luego reflexiono: *Conozco este sitio,*
pero siempre me puedo perder en él.

Broad and Alien Is the World

Because it's windy and the ocean is wine-dark. Because October has
already started. Because in the garden the tomatoes
have fallen from their stems. Because the last rays of the sun
forge their golden seeds and the maple keys
dance on tiptoe in the streets.

Because the earth is a seasick music box. Because this year
is not exact and you are not here. Because *Broad and Alien
Is the World.* Because the clock was set to the beat of its orbit,
because here it's five o'clock on the dot and at the end of the world
it's ten o'clock. Because an instant could be a word in flight
or the wingbeat of a bird. Because this world enters through
my mouth and expands in my mind. And then I reflect: *I know
this place, but I can always lose myself in it.*

NOTES ON THE POEMS

Hanging Clothes in the Sun: To hang rags in the sun (*colgar los trapos al sol*) is an expression that means to tell the truth. Chile's *arpilleras* are patchwork stories that bear testimony to the lives of those most affected by the years of military rule. During the almost two decades of military dictatorship, thousands of *arpilleras* were created. Marjorie Agosín wrote a seminal book about this subject titled *Tapestry of Hope, Threads of Love: The Arpillera Movement in Chile, 1974-1994*. *La cueca sola* is a metaphor. Chilean women whose husbands and sons were disappeared during the dictatorship dance this popular Chilean folk dance – traditionally performed by a man and a woman – by themselves in the streets. The English singer-songwriter Sting immortalized them in a song called "They Dance Alone" in 1987.

Desert: The *añañuca* (*Rhodophiala rhodolirion*) is a flower from the Andes Mountains in Chile and Argentina.

Dreaming of Chile: The *algarrobo* is a South American carob tree, a flowering evergreen with a broad canopy, which grows up to 30 feet (10 meters) high. It is long-lived, drought-resistant, and quite valuable in agro-forestry, cultivated for its edible seed pods. Sweet carob pulp, made from the pods, is often used as a substitute for cocoa powder.

Finding Them Alive: The triumph of the 33 miners rescued from a mine near Copiapó, in the Atacama desert of Chile, was a striking contrast to other sets of events, also involving miners, from a darker time in Chile's history. In the predawn hours of Oct.17, 1973 – five weeks after the military coup that toppled President Allende and brought Gen. Augusto Pinochet to power, and 37 years before the mine rescue operation – a military unit killed 16 men near the same place, including some who worked for Chile's state mining company Codelco. The squad who carried out the executions, commanded by Gen. Sergio Arellano Stark, used weapons that included curved military knives called *corvos*. The unit under Gen. Arellano Stark came to be called the Caravan of Death. It killed more than 70 Chileans suspected of leftist activities.

The Oven: In Temuco, a posthumous graduation ceremony was held for twenty residents who were students at the Universidad de Chile and the Universidad Técnica at the time of the military coup of September 1973. During the military dictatorship of Augusto Pinochet, these students were either assassinated or arrested and disappeared, their whereabouts unknown after detention. On the 10th of December, 2015, a Memorial was unveiled to the professors and students murdered or disappeared from the Universidad Católica, Temuco Campus.

Disappeared: This poem is dedicated to Maurice Hebert, a former Catholic priest and Canadian citizen. At the time of the military coup of 1973, he was Vice Rector of the Catholic University of Temuco, where at the time the poet also was teaching.

Postcard to Temuco: Celia Leyton Vidal was a painter and author of a book on the Mapuche people, *Araucanía: rostro de una raza altiva* (*Araucanía: Face of a Proud People*), published in 1945. A friend of the poet's mother, Celia Leyton was active in the 1940s through the 1960s, and a teacher in the Liceo de Niñas de Temuco, the school for girls where Gabriela Mistral had been the principal a generation earlier. Layton painted a mural called "Chasqui" inside the central post office of the city, with Mapuche imagery – it was one of her most memorable works.

The Cross of May was originally an indigenous celebration of spring fertility and nature rites. With the arrival of European Christianity, this festival became part of the homage to the Cross. In the Chilean countryside, farm families make crosses with sheaves of wheat. In the city, poor people go from door to door, asking for food and singing in the style called "*a lo humano y a lo divino*" (to the human and to the divine).

Cayena: Cayena was a famous Temuco character. He made a living painting signs for an old movie theater called "Teatro Real," and in the streets calling out the names of downtown stores with a horn he used as a megaphone. Probably an alcoholic, he grew increasingly eccentric, but he seemed not to age. A famous local men's clothing store called Casa Picasso gave Cayena an elegant suit every year on September 18, Chile's Independence Day. He used to sun himself on the Public Library steps, and students of the nearby high school (now called the Pablo Neruda School) would ask him for help with their art projects. Cayena was beloved as a kindly sort of tramp, one of the homeless "*atorrantes*" who often slept in the city sewer pipes – pipes that were manufactured by A. Torrant in France. After his death, Cayena received a grand municipal funeral, with all the leaders of the city present to pay their respects. The phrase "*duelos y quebrantos / sorrows and afflictions*" in this poem comes from *Don Quijote de la Mancha*. Some of the information for this note was provided by a Temuco neighbor of the poet.

Mapuche: Public Market: The *murtilla* is a berry from a shrub (*Ugni molinae*) that is a member of the myrtle family. The *quillay* is a small tree (*Quillaja saponaria*), member of the rose family. *Mote mei* is cooked wheat kernels, and belongs to traditional Mapuche gastronomy.

Nehuentúe Landscape: Nehuentúe is a fishing village at the estuary of the Imperial River in the Araucanía Region of Chile, 85 kilometers from Temuco, near Puerto Saavedra.

Letter to Jorge Teillier: The second line of the third stanza of this poem is a reference to the line: "And I write letters I never send," from the poem "Image for a Pond," by Jorge Teillier, poet from Lautaro, Chile. Translation of the Teillier line is by Carolyne Wright.

Zine: House of Tin: The *chirihue dorado* is the greater yellow finch (*Sicalis auriventris*). The lines in parentheses are from the art-book: *Copihue, Flower of Ñielol Hill* by Orlando Nelson Pacheco Acuña, graphic artist and poet of Temuco, Chile.

Beyond the Earthquake: The village of Caleta Tubul (Tubul Harbor) is located 15 kilometers from the town of Arauco, near Concepción. It's an old settlement, home to an indigenous community, the Lafquenches, who gather seaweed, harvest shellfish, and do deep-sea fishing. One interesting aspect of this community is that many who fish for a living in Tubul are women.

Villa Grimaldi: Villa Grimaldi in Santiago, a clandestine torture center during the Pinochet regime, is now a park for peace and preservation of the memory of 226 individuals disappeared or murdered within its walls, and more than 4,000 prisoners who passed through that facility.

Tombs Without Names: Many tombs marked as N.N. in Patio 29 of the General Cemetery of Santiago belong to approximately 1,130 unidentified people who were buried there between September and December 1973 (more details can be found at www.archivoschile. org/2013/09/el-silencio-del-cementerio).

Second Letter to Jorge Teillier: *Chicha* is a kind of hard cider brewed from grapes or apples.

Rugendas in Chile: Johann Moritz Rugendas (1802-1858), better known in Latin America as Juan Mauricio Rugendas, was a German Romantic painter who made expeditions to the Americas between 1831 and 1847. He spent eleven of those years (1834-1845) painting in Chile. "The *Huaso* and the Washerwoman" ("*El huaso y la lavandera*") is a celebrated representation of a scene from rural Chilean life during the 19th century.

Inventory of My Land: Pueblo Nuevo is the neighborhood where Eugenia Toledo grew up and where Pablo Neruda's father used to work. The city of Temuco was founded in 1881 on the banks of the Cautín River, which flows from its source near the base of the Lonquimay volcano.

Lapis Lazuli: The lines *The journey of the mind is the shortest* and *The longest journey is to the heart* are popular nostalgic phrases among exiled Chilean singer song-writers.

Unmapping: This poem refers to the surrealistic painting "Creation of Birds" (1957) by the Spanish-Mexican painter Remedios Varo.

Broad and Alien Is the World: This title refers to a novel, *El mundo es ancho y ajeno* (1941), by the Peruvian politician and journalist Ciro Alegría Bazán. This book is one of the most mature expressions of the Peruvian indigenous narrative in the twentieth century.

NOTAS SOBRE LOS POEMAS

Colgar la ropa al sol: *Colgar los trapos al sol* es una expresión que significa contar la verdad. Las *arpilleras* son cuentos elaborados en género que hacen testimonio a las vidas de los más afectados por los años del régimen militar. Durante las casi dos décadas de dictadura militar, fueron creadas miles de *arpilleras.* Marjorie Agosín escribió un libro seminal sobre este tema titulado *Tapicería de la esperanza, hilos del amor: el movimiento arpillera en Chile, 1974-1994.*
La cueca sola es una metáfora. Mujeres chilenas cuyos maridos e hijos fueron desaparecidos durante la dictadura bailan este baile folclórico popular chileno – representado tradicionalmente por un hombre y una mujer – solas en las calles. El compositor-cantante inglés Sting las inmortalizó en una canción llamada "They Dance Alone" en 1987.

Desierto: La *añañuca* (*Rhodophiala rhodolirion*) es una flor de la cordillera de los Andes en Chile y Argentina.

Soñando en Chile: El *algarrobo* es una clase de árbol sudamericano, de hojas y flores perennes con cobertura ancha, el cual crece hasta diez metros de altura. Es de vida larga, resistente a la sequía, y bastante valioso para la agro-silvicultura, cultivado por sus vainas de semillas comestibles. Una pulpa dulce hecha de las vainas se usa a menudo como un sustituto por el polvo de cacao.

Encontrándolos vivos: El triunfo de los 33 mineros rescatados de una mina cerca de Copiapó, en el desierto de Atacama en Chile, hizo un contraste destacado con otra serie de eventos, también involucrando mineros, en un tiempo más oscura de la historia chilena. En las horas previo al amanecer del 17 de octubre de 1973 – cinco semanas después del golpe militar que derrocó al Presidente Allende y llevó al poder el Gen. Augusto Pinochet, y 37 años antes de la operación de rescate en la mina – una unidad militar asesinó a dieciséis hombres cerca del mismo lugar, incluyendo algunos que trabajaban para la empresa minera estatal chilena Codelco. El escuadrón que llevó a cabo las ejecuciones, comandado por el Gen. Sergio Arellano Stark, usaba armas que incluían una especie de cuchillos curvados llamados *corvos.* La unidad bajo el mando del Gen. Arellano Stark llegó a conocerse como la Caravana de la Muerte. Asesinó a más de 70 chilenos sospechosos de actividades izquierdistas.

El horno: En Temuco, una ceremonia de graduación póstuma se llevó a cabo para veinte residentes quienes fueron estudiantes en la Universidad de Chile o la Universidad Técnica cuando ocurrió el golpe militar en 1973. Durante la dictadura militar de Augusto Pinochet, estos estudiantes fueron asesinados o detenidos y desaparecidos, su ubicación desconocida después de su detención. Con fecha 10 de diciembre de 2015, se llevó a cabo el desvelamiento de un Memorial a los profesores y alumnos asesinados o desaparecidos de la Universidad Católica, Sede Temuco.

Desaparecido: Este poema es dedicado a Maurice Hebert, quien fue un sacerdote católico y es un ciudadano canadiense. Cuando ocurrió el golpe militar en 1973, él era el Vicerrector de la Universidad Católica de Temuco, donde la poeta estaba enseñando al mismo tiempo.

Postal a Temuco: Celia Leyton Vidal fue pintora y autora de un libro sobre el pueble Mapuche, *Araucanía: rostro de una raza altiva* (1945). Amiga de la madre de la poeta, Celia Leyton estaba activa desde la década de 1940 hasta la de 1960, y fue una profesora en el Liceo de Niñas de Temuco, la escuela donde Gabriela Mistral había sido la Directora una generación antes. Ella fundó la School of Beaux Arts en Temuco. Leyton pintó un mural llamado "Chasqui" dentro del correo central de la ciudad, con imágenes Mapuche – era una de sus obras más memorables.

La Cruz de Mayo originalmente era una celebración indígena de ritos de fertilidad y la naturaleza. Con la llegada de la cristiandad europea, este festival llegó a ser parte del homenaje a la Cruz. En el campo chileno, las familias campesinas hacen cruces con gavillas de trigo. En la ciudad, la gente pobre va de puerta en puerta, pidiendo comida y cantando en el estilo llamado "a lo humano y a lo divino".

Cayena: Cayena era una personalidad temucana famosa. Se ganaba la vida pintando letreros para un cine antiguo llamado "Teatro Real", y anunciando por las calles los nombres de negocios céntricos con un cuerno que utilizó como megáfono. Probablemente alcohólico, pasó a ser más y más excéntrico, pero no parecía envejecerse. Una famosa tienda local de ropa de hombre llamada Casa Picasso regaló a Cayena un elegante terno cada año el 18 de septiembre, el Día de la Independencia en Chile. Él tomaba el sol sobre la escalera de la Biblioteca Pública, y los alumnos de un colegio cercano (ahora llamado el Colegio Pablo Neruda) le pedían ayuda con sus proyectos de arte. Cayena fue querido como una clase de vagabundo amable, uno de los "atorrantes" quienes a menudo dormían en los ductos del alcantarillado municipal – ductos fabricados por A. Torrant en Francia. Después de su muerte, Cayena recibió un gran funeral municipal, con todos los líderes de la ciudad presentes para mostrar su respeto. La frase "duelos y quebrantos" en este poema viene del *Don Quijote de la Mancha.* Parte de la información para esta nota fue entregada por un vecino temucano de la poeta.

Mapuche: Mercado Municipal: La murtilla es un arbusto (*Ugni molinae*) que da pequeñas bayas y un miembro de la familia de los mirtos. El quillay es un pequeño árbol (*Quillaja saponaria*), un miembro de la familia de las rosas. *Mote mei* es trigo cocido y pertenece a la gastronomía Mapuche tradicional.

Paisaje de Nehuentúe: Nehuentúe es una aldea de pescadores en el estuario del Río Imperial en la Región de la Araucanía de Chile, 85 kilómetros de Temuco y cerca de Puerto Saavedra.

Carta a Jorge Teillier: La segunda línea de la tercera estrofa de este poema es una referencia a "yo escribo cartas que nunca envío", cuarto verso, del poema *Imagen para un estanque* por Jorge Teillier, poeta de Lautaro, Chile.

Zine: Casa de Lata: El chirihue dorado es un pinzón amarillo (*Sicalis auriventris*). Las líneas en paréntesis son del libro de arte: *Copihue, flor del Cerro Ñielol* por Orlando Nelson Pacheco Acuña, un artista gráfico y poeta de Temuco.

Más allá del terremoto: La aldea de Caleta Tubul está ubicado 15 kilómetros del pueblo de Arauco, cerca de Concepción. Es un asentamiento antiguo, donde vive una comunidad indígena de Lafquenches, quienes trabajan en la recolección de algas marinas, el marisqueo, y la pesca en aguas profundas. Un aspecto interesante de esta comunidad es que muchas de las personas que ganan la vida pescando son mujeres.

Villa Grimaldi: Villa Grimaldi en Santiago, un centro clandestino de tortura durante el régimen de Pinochet, hoy día es un parque para la paz y la preservación de la memoria de los 226 individuos desaparecidos o asesinados dentro de sus paredes, y los más de 4.000 presos quienes pasaron por sus puertas.

Tumbas sin nombres: Muchas tumbas marcadas como N.N. en el Patio 29 del Cementerio General de Santiago pertenecen a aproximadamente 1.130 personas no identificadas que fueron enterradas allí entre septiembre y diciembre de 1973 (más detalles en www.archivoschile.org/2013/09/el-silencio-del-cementerio).

Segunda carta a Jorge Teillier: *Chicha* es una clase de bebida alcohólica fermentada de uvas o manzanas.

Rugendas en Chile: Johann Moritz Rugendas (1802-1858), mejor conocido en América Latina como Juan Mauricio Rugendas, fue un pintor romántico alemán quien realizó expediciones a las américas entre 1831 y 1847. Él pasó once de esos años (1834-1845) pintando en Chile. "El huaso y la lavandera" es una representación celebrada de una escena de la vida rural chilena durante el siglo diecinueve.

Inventario de mi tierra: Pueblo Nuevo es el barrio donde Eugenia Toledo creció y donde trabajaba el padre de Pablo Neruda. La ciudad de Temuco fue fundada en 1881en las orillas del Río Cautín, el cual fluye del área cerca del volcán Lonquimay.

Lapislázuli: Las líneas *el viaje de la mente es el más corto* y *el viaje más largo es al corazón* son frases nostálgicas populares con cantantes y compositores chilenos exiliados.

Desmapar: Este poema se refiere a la pintura surrealista "Creación de los pájaros" (1957) por la pintora española-mexicana Remedios Varo.

Ancho y ajeno es el mundo: Este título se refiere a la novela, *El mundo es ancho y ajeno* (1941), por el político y periodista peruano Ciro Alegría Bazán. *El mundo es ancho y ajeno* es una de las expresiones más maduras de la narrativa indígena peruana en el siglo XX.

About the Poet

Eugenia Toledo was born in Temuco, the hometown of Pablo Neruda in the South of Chile. She came to the United States in 1975 to pursue a Master's degree in Latin American Literature and a Ph.D. in Spanish Literature at the University of Washington in Seattle.

She has published eight texts and two manuals for Adult Education (Ministry of Education, OAS, Chile, 1986); a book about the Spanish writer Fray Luis de León (Editorial Cíclope, Santiago, 1986); five books of poetry: *Arquitectura de ausencias* (Editorial Torremozas, España, 2006); *Tiempo de metales y volcanes* (Editorial 400 Elefantes, Nicaragua, 2007); *Casa de máquinas* (400 Elefantes, 2013); *Pasajeros sin andén ni cobre / Passengers with Neither Platform nor Penny* (translated by Anne Greeott and Susan Solá, Editorial el Juglar, USA / Chile, 2014); *Aguas inarticuladas (a la Patagonia Chilena)*, published by Split Quotation / La cita trunca, Canada, 2015; a chapbook, *Leaf of Glass*, which won the Artella contest in 2005; and a collection of poems and short stories in collaboration with Andrea Pointet, *Historias a distancia* (Arcoiris Editions, Paris, France, 2013). In 2016, she published *Talleres de escritura creativa. Estudios, prácticas y propuestas* with Argentine writer Lilí Muñoz (Editorial Tribu Salvaje y Fundación Lecturas del sur del mundo).

She has completed a sequence of poems on the lives of immigrants and exiles in North America, which won a grant from Seattle's Office of Arts & Culture. The bilingual manuscript of *Trazas de mapa, trazas de sangre / Map Traces, Blood Traces* won a 2009 Individual Artist Project grant from 4Culture.

Besides poetry, Toledo edits books in Spanish, writes reviews and literary articles, and creates collages and artistic hand-made books. At Seattle's Richard Hugo House and elsewhere, she has taught poetry writing in Spanish, and with Carolyne Wright, team-taught courses on Pablo Neruda and on translation of his work. She takes part in literary conferences and festivals in the USA as well as in Central and South America.

Her poetry has appeared in leading literary magazines and journals, anthologies, and newspapers and in the bilingual chapbook, *La luz ambarina de la lluvia: Letras de Temuko / The Rain's Amber Light:*

Letters from Temuco, written and translated with Carolyne Wright. Also with Wright, she has co-edited an anthology on women and work for Lost Horse Press's Human Rights Series, *Raising Lilly Ledbetter: Women Poets Occupy the Workspace* (2015). Eugenia is a member of Partners of the Americas and a member of AIHLC (Asociación Internacional de Literatura y Cultura Femenina Hispánica).

Sobre la poeta

Eugenia Toledo nació en Temuco, la ciudad en el sur de Chile donde vivió Pablo Neruda, y creció en el mismo barrio del poeta. Vino a los EEUU en 1975 para estudios pos-graduados, logrando el título de Masters en Literatura Latinoamericana y Ph.D. en Literatura Española en la Universidad de Washington en Seattle.

Ha publicado ocho textos y dos manuales para Educación Adulta (Ministerio de Educación, OEA, Chile, 1986); un libro sobre el escritor español Fray Luis de León (Editorial Cíclope, Santiago, 1986); cinco poemarios en castellano: *Arquitectura de ausencias* (Editorial Torremozas, España, 2006); *Tiempo de metales y volcanes* (Editorial 400 Elefantes, Nicaragua, 2007); *Casa de máquinas* (400 Elefantes, 2013); *Pasajeros sin andén ni cobre* (traducido por Anne Greeott y Susan Solá, Editorial el Juglar, Washington, USA/ Chile); *Aguas inarticuladas (a la Patagonia Chilena)*, publicado por Split Quotation / La cita trunca, Canadá, 2015; un *chapbook*, *Leaf of Glass*, el cual ganó el concurso Artella en 2005; y una colección de poemas y cuentos cortos en colaboración con Andrea Pointet *Historias a distancia* (Paris: Arcoiris Editions, 2013). En 2016, publicó *Talleres de escritura creativa. Estudios, prácticas y propuestas* con la escritora argentina Lilí Muñoz (Editorial Tribu Salvaje y Fundación Lecturas del sur del mundo).

Ella ha completado una secuencia de poemas sobre las vidas de inmigrantes y exiliados en norteamérica, el cual ganó un *grant* de Seattle's Office of Arts & Culture. El manuscrito bilingüe de *Trazas de mapa, trazas de sangre / Map Traces, Blood Traces* ganó un *grant* en 2009 para el Individual Artist Project de 4Culture.

Aparte de su poesía, Toledo edita libros en castellano, escribe reseñas y artículos literarios, y crea collages y libros artísticos hechos a mano. En el Richard Hugo House de Seattle y en otras partes, ella ha enseñado poesía en castellano y con Carolyne Wright, ha dictado cursos sobre Pablo Neruda y sobre las traducciones de su obra. Participa en conferencias y festivales literarios en los EEUU tanto como en América Central y Sudamérica.

Su poesía ha aparecido en revistas literarias y publicaciones académicas, antologías y periódicos, y en el *chapbook* bilingüe *La luz ambarina de la lluvia: Letras de Temuko / The Rain's Amber*

Light: Letters from Temuco, escrito y traducido con Carolyne Wright. También con la poeta Wright ha coeditado una antología sobre las mujeres y el trabajo para la Serie de Derechos Humanos de Lost Horse Press, *Raising Lilly Ledbetter: Women Poets Occupy the Workspace* (2015). Eugenia es miembro de Partners of the Americas y de la AIHLC (Asociación Internacional de Literatura y Cultura Femenina Hispánica).

About the Translator

Carolyne Wright's most recent book is the ground-breaking anthology on women and work, *Raising Lilly Ledbetter: Women Poets Occupy the Workspace*, co-edited by Wright, Eugenia Toledo, and M. L. Lyons, and published in the Human Rights Series of Lost Horse Press (2015). It has received ten Pushcart Prize nominations and is a finalist in *Foreword Review's* Book of the Year Awards. Wright's nine books and chapbooks of poetry include *Seasons of Mangoes and Brainfire* (Eastern Washington UP / Lynx House Books, 2nd edition 2005), which won the Blue Lynx Prize and American Book Award; *A Change of Maps* (Lost Horse Press, 2006), finalist for the Idaho Prize and the Alice Fay di Castagnola Award from the Poetry Society of America, and winner of the 2007 IPPY Bronze Award in Poetry; and *Mania Klepto: the Book of Eulene* (Turning Point Books, 2011). Also published are a collection of essays and four earlier volumes of poetry translated from Spanish and Bengali.

A Seattle native who studied with Elizabeth Bishop, Richard Hugo, and William Stafford, Wright spent a year in Chile on a Fulbright-Hayes Study Grant during the presidency of Salvador Allende. She is writing a memoir about this experience, *The Road to Isla Negra*, portions of which have received the PEN/Jerard Fund Award and the Crossing Boundaries Award from *International Quarterly*.

Sponsored by an Education and Culture Travel Grant from Washington State / Chile Partners of the Americas, she returned to Chile in late 2008, giving readings and workshops with Eugenia Toledo, and reconnecting with her Chilean past. Her volume of translations of Chilean poet Jorge Teillier, *In Order to Talk with the Dead* (U of Texas Press, 1993), won the National Translation Award from the American Literary Translators Association (ALTA). A poem of hers appeared in *The Best American Poetry 2009* and the *Pushcart Prize XXXIV: Best of the Small Presses* (2010). Wright is a Contributing Editor for the Pushcart Prizes; and a Senior Editor for Lost Horse Press. In 2005, she returned to her native Seattle, where she began teaching for Seattle's community literary center, Richard Hugo House, and served on the faculty of the Northwest Institute of Literary Arts' Whidbey Writers Workshop MFA Program from its 2005 inception until it closed in 2016. She now teaches for the Antioch University Los Angeles MFA Program as well as Hugo House, and she reads and directs workshops at universities, festivals and conferences around the country.

Sobre la traductora

El libro reciente de Carolyne Wright es una antología seminal sobre las mujeres y el trabajo, *Raising Lilly Ledbetter: Women Poets Occupy the Workspace* (2015), coeditado por Wright, Eugenia Toledo y M. L. Lyons, y publicado en la Serie de Derechos Humanos de Lost Horse Press. Este libro ha sido nominado por diez premios Pushcart y es finalista por el premio Book of the Year de la *Foreword Review*. Sus nueve libros y *chapbooks* de poesía incluyen *Seasons of Mangoes and Brainfire* (Eastern Washington UP / Lynx House Books, 2nd edition 2005), el cual ganó el Blue Lynx Prize y el American Book Award; *A Change of Maps* (Lost Horse Press, 2006), finalista para el Idaho Prize y el Alice Fay di Castagnola Award de la Poetry Society of America, y ganador del IPPY Bronze Award in Poetry en 2007; y *Mania Klepto: the Book of Eulene* (Turning Point Books, 2011). También tiene publicado una colección de ensayos y cuatro volúmenes de poesía traducidos del castellano y bengalí.

Oriunda de Seattle, estudió con Elizabeth Bishop, Richard Hugo, y William Stafford. Wright pasó un año en Chile con un Fulbright-Hayes Study Grant durante el gobierno de Salvador Allende. Ella está escribiendo su memoria de esta experiencia, *The Road to Isla Negra*, porciones de la cual han recibido el PEN/Jerard Fund Award y el Crossing Boundaries Award del *International Quarterly*.

Patrocinada por un Education and Culture Travel Grant de Washington State / Chile Partners of the Americas, ella volvió a Chile en 2008, realizando lecturas y talleres con Eugenia Toledo, y reconectando con su pasado chileno. Su volumen de traducciones del poeta chileno Jorge Teillier, *In Order to Talk with the Dead* (U of Texas Press, 1993), ganó el National Translation Award de la American Literary Translators Association (ALTA). Un poema suyo apareció en *The Best American Poetry 2009* y el *Pushcart Prize XXXIV: Best of the Small Presses* (2010). Wright es un Contributing Editor para los Pushcart Prizes; y un Senior Editor para Lost Horse Press. En 2005, volvió a su ciudad natal, Seattle, donde ella empezó a dar clases en el centro literario comunitario de Seattle, Richard Hugo House, y fue miembro de la facultad del Northwest Institute of Literary Arts' Whidbey Writers Workshop MFA Program desde su comienza en 2005 hasta su clausura en 2016. Ahora, Wright enseña para el Antioch University Los Angeles MFA Program tanto como en Hugo House, y también da lecturas y dirige talleres en universidades, festivales y conferencias alrededor de los EEUU.

Author's Acknowledgements

I feel as if I am still in Chile, traveling and writing this poetic journal during those beautiful nights in the spring of 2008. Stimulated by this visit--one of many that I have made during more than three decades of living outside my country--and by an impulse full of thoughts, people, times, and geographies, I decided to embrace the adventure and give structure to these poems of travel and imaginative labyrinths. This book is dedicated to the Araucanía.

And also for those to whom this gratitude is directed, such as Carolyne Wright for her poetic incentive and for helping me to translate this book; to 4Culture, the cultural organization of King County, which bestowed a grant for this work in 2009. For the members of Partners of the Americas in Seattle and in Chile: Paula Laschober, Jorge Valenzuela, and María Teresa Herrero.

Agradecimientos de la autora

Me siento como si todavía estuviera en Chile viajando y escribiendo este diario poético en las bellas noches de la primavera del 2008. Estimulada por esta visita, una de varias que he hecho en más de tres décadas viviendo afuera, y por un impulso lleno de pensamientos, personas, tiempos y geografías, decidí abrazar la aventura y darle estructura a este poemario de viaje y a estos laberintos imaginativos. Este libro está dedicado a la Araucanía.

También van mis agradecimientos a las siguientes personas: la poeta Carolyne Wright por su estímulo poético y por ayudarme a traducir este libro; a la organización 4Culture del condado de King que me otorgó un premio en 2009. A los amigos de Partners of the Americas en Seattle y en Chile: Paula Laschober, Jorge Valenzuela y María Teresa Herrero.

COMENTARIOS

En *Trazas de mapa, trazas de sangre*, Eugenia Toledo nos entrega una lúcida y profunda colección de poemas donde el olvido y la memoria confabulan con la historia de su país. Toledo nos lleva por el territorio de Chile con luminosidad y dolor, como si abriéramos una bitácora de viaje... y entrásemos a senderos pedregosos donde el ritmo de la historia y la poesía habitan. Es éste un libro de extraordinaria belleza destinado a convertirse en un clásico de la poesía de América Latina, y sus traducciones son también de extraordinaria claridad.

In *Map Traces, Blood Traces*, Eugenia Toledo gives us a profound and lucid collection of poems in which memory and forgetting enter into conversation with the history of her country. With luminosity and sorrow, Toledo takes us throughout the territory of Chile as if we were opening the log book of a journey. . . and stepping onto a stony path wherein the rhythms of history and poetry dwell together. This is a book of extraordinary beauty, certain to become a classic of Latin American poetry, and the translations to English are also of exceptional clarity.

—Marjorie Agosín

En estos poemas, Eugenia Toledo revela las memorias y pensamientos que dan sentido al presente. Los lugares que son, quizá, los únicos testigos sobrevivientes ofrecen el escenario para buscar un pasado lacerante. El tan anhelado viaje de retorno es un viaje doloroso y, al mismo tiempo, reconciliador. Cielos amplios y poesía honesta son parte de los sueños y recuerdos presentados en *Trazas de mapa, trazas de sangre* de manera bilingüe.

In these poems, Eugenia Toledo reveals the way memories and thoughts give meaning to the present. Locations which are often the only surviving witnesses provide the setting for exploration of excruciating past realities. The yearned-for return journey is painful and at the same time reconciliatory. Wide-open skies and honest poetry are part of the dreams and memories presented in bilingual form in *Trazas de mapa, trazas de sangre*.

—Xánath Caraza

OTHER RECENT TITLES FROM MAYAPPLE PRESS:

Eric Torgersen, *In Which We See Our Selves: American Ghazals,* 2017
  Paper, 44pp, $14.95 plus s&h
  ISBN 978-936419-72-2
Toni Ortner, *A White Page Demands Its Letters,* 2016
  Paper, 40pp, $14.95 plus s&h
  ISBN 978-936419-70-8
Rivka Basman Ben-Haim, tr. Zelda Newman, *The Thirteenth Hour,* 2016
  Paper, 94pp, $15.95 plus s&h
  ISBN 978-936419-71-5
Nola Garrett, *Ledge,* 2016
  Paper, 94pp, $15.95 plus s&h
  ISBN 978-936419-68-5
Amanda Reverón, tr. Don Cellini, *El Silencio de las Horas / The Silence of the Hours,* 2016
  Paper, 70pp, $15.95 plus s&h
  ISBN 978-936419-67-8
Toni Mergentime Levi, *White Food,* 2016
  Paper, 82pp, $15.95 plus s&h
  ISBN 978-936419-65-4
Allison Joseph, *Mercurial,* 2016
  Paper, 42pp, $13.95 plus s&h
  ISBN 978-936419-64-7
Jean Nordhaus, *Memos from the Broken World,* 2016
  Paper, 80pp, $15.95 lus s&h
  ISBN 978-936419-56-2
Doris Ferleger, *Leavened,* 2015
  Paper, 64pp, $15.95 plus s&h
  ISBN 978-936419-47-0
Helen Ruggieri, *The Kingdom Where No One Keeps Time,* 2015
  Paper, 80pp, $15.95 plus s&h
  ISBN 978-936419-55-5
Jan Bottiglieri, *Alloy,* 2015
  Paper, 82pp, $15.95 plus s&h
  ISBN 978-936419-52-4

For a complete catalog of Mayapple Press publications, please visit our website at *www.mayapplepress.com*. Books can be ordered direct from our website with secure on-line payment using PayPal, or by mail (check or money order). Or order through your local bookseller.